D1723378

# HELMUT KÄUTNER

Seine Filme – sein Leben

von Peter CORNELSEN

Originalausgabe

WILHELM HEYNE VERLAG
MÜNCHEN

Herausgeber: Thomas Jeier

Copyright © 1980 by Wilhelm Heyne Verlag, München
Umschlagfoto und Rückseitenfoto: Stiftung Deutsche Kinemathek, Berlin
Innenfotos: Archiv Deutscher Fernsehdienst/Peter W. Engelmeier, München;
Ullstein Bilderdienst, Berlin; Archiv des Autors;
Helmut Dohle, Hamburg; Peter Magdowski, Berlin;
Umschlaggestaltung: Atelier Heinrichs & Schütz, München
Printed in Germany 1980
Satz: Fotosatz Schwanke + Holzmann, München
Druck und Verarbeitung: Ebner Ulm

ISBN 3-453-86027-6

# Inhalt

»Das absolute Film-Kunstwerk
wird durch die Tatsache, daß zu
seiner Herstellung eine Industrie
notwendig ist, immer ein
Wunschtraum bleiben, und die
Film-Industrie wird immer den
Einfluß derjenigen dulden
müssen, die auf die Erfüllung
dieses Wunschtraums hoffen.«

*Helmut Käutner*

# Vorwort

Er war vielseitiger als jeder andere. Und er war auch sonst ganz anders als die anderen. Helmut Käutner, übers Kabarett und das Theater zum Film gekommen, war ein Besessener seiner Arbeit. Dickschädlig, dabei aber humorvoll und in seinem Wesen liebenswürdig, setzte er durch, was er für richtig hielt. Zielstrebig vervollkommnete er seinen Stil; präzise und pfiffig zugleich.

Helmut Käutner entwickelte ein künstlerisches Gewissen, daß ihn zwang, Stücke zu inszenieren, bei denen er, mehr als einmal, seine Haut zu Markte tragen mußte. Mag sein, daß der direkte Kampf nie seine Sache war, aber er verstand es, sich den Zwängen zu entziehen und seine künstlerische und politische Integrität zu wahren. Sicher, auch er war gezwungen, die üblichen Klamotten zu drehen, aber er brachte es dennoch fertig, den geforderten Schwachsinn mit Ironie und Humor zu verkaufen.

Es fällt auf, daß Helmut Käutner zu Beginn seiner Karriere mehr heitere Filme machte als später. Er selbst fand das ganz natürlich:»Das hängt natürlich auch ein bißchen mit dem Älterwerden zusammen. Ich habe nun mal als heiterer Theatermensch begonnen, nämlich als Kabarettist; eine Sache, die mir immer Spaß gemacht hat, der ich mit einer gewissen Liebe anhänge, ohne sie aktiv werden zu lassen. Es ist doch immer mit uns Kabarettisten etwas schwierig. Wenn uns später – gereifter und mit Abstand – etwas einfällt, was bei den Franzosen Esprit genannt wird, dann heißt es bei uns immer: Ach, das Kabarett! Natürlich habe ich heiter begonnen, man konnte sich am Anfang auch die Chancen gar nicht aussuchen, es waren halt Lustspiele – aber da war immerhin schon *Kleider machen Leute* dabei. Dann entdeckte ich mit *Auf Wiedersehen, Franziska,* später mit *Große Freiheit* und *Anuschka*, daß die ernsten Themen mir eigentlich mehr lagen. Ich will nicht gerade vom Engagement sprechen oder von der Aussage – das sind alles so schrecklich abgenutzte Worte – aber ein bißchen ist es doch so: Wenn uns etwas angeht, dann wird es auch gewichtiger, ernsthafter, besser. Zum reinen Amüsierfilm habe ich nie ein Verhältnis gehabt, nicht mal als Kinogänger.«

Dem aktuellen Problemfilm verschrieben nahm er Ende der sechziger Jahre Abschied vom Film. Es war seine Flucht vor der Wahl, Schund zu produzieren oder den Neufilmern nachlaufen zu müssen. Seiner Vielseitigkeit bewußt, wechselte er das Genre, fand als Schauspieler und Bühnenbildner gleichermaßen eine neue Heimat beim Theater wie als Regisseur und Schauspieler beim Fernsehen. Und wie beim Film raufte er sich auch in den TV-Studios, um seine eigenen Empfindungen durchzusetzen.

Helmut Käutner war kein bequemer Regisseur. In seiner Arbeit autoritär, fügten sich dennoch die, die er beinahe unmerklich in Szene setzte, gern, weil sie überzeugt waren, daß er es richtig machte. Und er machte es richtig, wenn man Bilanz für sein gesamtes Schaffen zieht. Helmut Käutner, das Multitalent, der sich oft zuviel aufbürdete, war trotz seiner ausgeprägten Dickschädligkeit ein humorvoller, geselliger Mensch. Erst seine schwere Krankheit im Herbst seines reichhaltigen Schaffens ließ ihn unausgeglichen, ja schwierig werden. Er wollte, daß andere sein Leiden ignorierten, wie er es selbst tat. Und vergaß, daß sein Leiden ihn veränderte.

»Film«, erkannte er richtig, »ging aus einer Verbindung von Technik, Kunst und Industrie hervor. Die Verbindung von Technik und Kunst ist erträglich, wenn die Technik der Kunst dient.« Dies zu erfüllen hat er stets versucht.

Kein anderer hat den deutschen Film so geprägt wie er. Kein anderer brachte es fertig, Schauspieler so in Szene zu setzen, daß ihre Darstellung unvergessen blieb. Wer über den deutschen Film spricht, muß im gleichen Atemzug auch über Helmut Käutner reden. Doch wer sich mit ihm auseinandersetzt, darf einen Menschen nicht unerwähnt lassen, der – von Anfang an – sein Filmschaffen nicht nur als Ehefrau, sondern auch als engster Mitarbeiter begleitete: Erica Balqué. »Ich will gute Filme machen und ein guter Mensch sein«, charakterisierte Helmut Käutner sein Anliegen einmal. Erica Balqué half ihm bei beidem.

# Der Größte

*Was Schauspieler und Kollegen über den Regisseur Helmut Käutner sagen*

»Ich verdanke Helmut Käutner meine Karriere als Film-schauspieler durch *Die letzte Brücke* und durch eine sehr schöne Rolle, die er mir in *Die Züricher Verlobung* gegeben hat. Neben dieser schauspielerischen Erfahrung habe ich bei ihm auch unendlich viel als Regisseur gelernt. Ich war immer tief beeindruckt von der Art, wie er sein Inszenie-rungshandwerk ausgeübt hat. So habe ich mich bei *Monpti* als 3. Regieassistent bei Helmut Käutner verdingt, weil ich noch einmal nach Jahren einen Film hinter der Kamera mit ihm erleben wollte.

Menschlich haben mich an Helmut Käutner zwei Dinge beeindruckt: Seine ungewöhnliche Sensibilität und seine unglaubliche Sturheit. Er ist einer der ganz Großen dieser Branche.«
Der Schauspieler und Regisseur Bern-
hard Wicki in einem Telefon-Interview
am 18. Februar 1980

»Er hat unheimlich konzentriert gearbeitet, aber nie verbis-sen. Er hat ja überhaupt viel Humor. Er ist für mich einer der musischsten Menschen, die ich im Leben kennenge-lernt habe. Bei Helmut Käutner war die Gefahr, daß er zu viele Einfälle hatte, gegeben und nicht, wie bei den mei-sten, daß es zu wenig waren. Er wußte das auch und bat alle, ihn zu korrigieren, denn er neigte leicht dazu, ein biß-chen kabarettistisch zu werden, und er nahm es sofort an, wenn man ihm gegenüber leichte Zweifel äußerte.«
Der Dramaturg Reinhard Müller-
Freienfels in einem Fernseh-Interview

11

»Helmut Käutner ist vielleicht der größte deutsche Regisseur seiner Epoche. Seine Fantasie, seine Urteilskraft, sein tief in seiner Persönlichkeit verwurzeltes Künstlertum und vor allem sein Mut, immer das Außerordentliche gewagt zu haben, machten ihn für mich zu einem Vorbild, ganz für eine persönliche Meinung einzutreten, und in der Wahl jeder Arbeit ein menschliches, künstlerisches Bekenntnis zu sehen. Unser gemeinsamer Film *Die letzte Brücke* wurde ein solches Anliegen und hat darüber hinaus meine internationale Karriere begründet. Dafür danke ich ihm sehr. Über allem anderen aber war und ist Helmut Käutner mein Freund, auch wenn uns die letzten Jahre leider so selten zusammengeführt haben.«

Die Schauspielerin Maria Schell am 18. März 1980

»Unter seiner Regie war es ein herrliches Vergnügen, zu arbeiten.«

Der Schauspieler Rudolf Fernau in
seinem Buch *Als Lied begann's –*
*Lebenstagebuch eines Schauspielers*

»Zweimal hab' ich unter seiner Regie gespielt. Käutner – das ist einer, der seine Anweisungen wie Pointen setzt. Ein Kettenraucher, der Nervosität immer ein bißchen spielt. Überhaupt ein Spieler. Ein ironischer Beobachter. Die Satire wäre – wenn es so etwas hierzulande gäbe – sein eigenes Terrain.«

Der Schauspieler, Regisseur und Arzt
Dr. Michael Verhoeven am 24. März 1980

»Käutners große Kunst besteht darin, so scheint es mir, daß er seine Intelligenz und seinen Witz optisch haargenau umsetzen kann. Das war zu seiner großen Filmzeit etwas ganz Eigenständiges und Besonderes. Jüngst hat man wohl nicht mehr soviel dafür übrig, aber ich bin nicht sicher, ob man nicht allmählich wieder Gefallen an dieser klugen, nachdenklichen, witzigen und vor allen Dingen filmischen Art des Inszenierens finden wird.«

Der Intendant und Schauspieler Boy
Gobert am 2. April 1980

»Zwei Menschen haben mich geprägt: Regisseur Boleslaw Barlog für das Theater und Helmut Käutner für den Film.« Und an anderer Stelle: »Daß mir der Wechsel vom jugendlichen Liebhaber und Bonvivant zum Charakterdarsteller völlig reibungslos gelungen ist, verdanke ich in erster Linie Helmut Käutner. Dieser Regisseur war ein Glücksfall für mich. Der rechte Mann zur rechten Zeit! Daß dieser meisterliche Regisseur heute ausschließlich für Theater und Fernsehen inszeniert, wirft kein so gutes Licht auf die deutsche Filmindustrie. Immerhin war er einer der ganz wenigen, die selbst noch unter Goebbels richtungweisende Werke von internationalem Format schufen. Trotz aller Behinderungen durch die Nazis, die dem eigenwilligen jungen Regisseur alles andere als gewogen waren, drehte Käutner seinerzeit zahlreiche Filme, von denen entscheidende künstlerische Impulse ausgingen, zum Beispiel *Romanze in Moll, Große Freiheit Nr. 7* und *Unter den Brükken.*«

Der Schauspieler Hans Söhnker in
seinem Buch . . . *und kein Tag zuviel*

»In allererster Linie habe ich seine Fantasie gemocht. Bei Käutner war diese entscheidende Fähigkeit, sie auch umzusetzen, in Worten und Formen, in Drehbuchform. Ein ungeheuer fantasiebegabter Bursche. Diese Fantasie spielte in sein Leben hinein, ließ ihn oft sehr amüsant erscheinen. Er war bei uns ein liebenswerter Spinner. Das ist ja allen bekannt. Abgelehnt wurde er keinesfalls, sondern im Gegenteil, wir haben ihn sehr gemocht.«

Der Regisseur und Drehbuchautor Rudolf
Jugert in einem Fernsehinterview

»Unter den deutschen Filmregisseuren gehört Helmut Käutner in die allererste Reihe. Viele Filme hatte ich das Glück, mit ihm zu drehen. Seiner Hilfe, Kontrolle und Fantasie verdanke ich meine wesentlichen Filmerfolge. Aber auch als Schauspieler, als mein Partner, ist er mir unvergessen. Ich umarme und grüße ihn herzlichst.«
Der Schauspieler Gustav Knuth am
8. März 1980

»Käutner und ich haben Drehbücher zusammen geschrieben, noch ehe er Regie machte. Käutner hat, ein Wunder als absoluter Nicht-Nazi, eine große Karriere schon im Dritten Reich gemacht. Dies geschafft zu haben ist ein ganz großes Zeugnis für seine Fähigkeit.«
Der Drehbuchautor Axel Eggebrecht
in einem Fernseh-Interview

»Ich arbeite mit Begeisterung mit Helmut Käutner. Er ist ein geistreicher, liebenswürdiger Regisseur, Schauspieler, Autor. Er hat meine Ideen zur Rolle stets positiv, fast freudig aufgenommen und eingebaut in seine Regie. Er hat soviel Humor, im Gegensatz zu manchen Rampenvögten, Schulmeistern und Selbstdarstellern der Regie, denen es gar nie um den Autor, das Stück und die Schauspieler geht, sondern um ihre unentwegten ‚Einfalls-Mätzchen‘ politischer oder obszöner Provenienz, ihre krampfhafte, verkrampfte Regie – Talmi-Brillanz –, die das Theater dem Publikum unsympathisch macht und die Zuschauerräume leert, die Schauspieler entpersönlicht und in Existenzangst treibt. Helmut Käutner ragt noch aus einer großen deutschen Theater- und Film-Epoche zu uns herüber. Nur mit solchen Regisseuren möchte ich noch arbeiten. Aber man muß sie suchen.«
Der Schauspieler Siegfried Lowitz
am 13. März 1980

»Helmut, ein Bild von Dir. Wenn ich malen könnte, wärest Du ein Regenbogen mit allen Farben, mit allen Geheimnissen, die in ihm sind. So bist Du, ein beglückendes Wesen. Wieviel Fantasie ist in Dir! Wenn Du eine Rolle probiert hast, und ich Dir gesagt habe, 'Deine Lust zu fabulieren ist wieder sehr groß', dann hast Du mich ins Parkett geschickt, und ich hab' Dir sagen müssen, wo Du wegnehmen, wo Du dazutun sollst. Und wenn Du inszeniert hast, wie lebendig war alles das! Wie sehr plastisch hast Du alles gesehen und konntest es vermitteln. Wer das Glück hatte, mit Dir zu arbeiten, wurde reich beschenkt. Die glücklichste Mischung, die ein Mensch haben kann – Herz und Verstand, Lachen und Weinen – das ist alles in Dir! Dafür danke ich Dir.«

Die Schauspielerin, Regisseurin und
Intendantin Professor Ida Ehre
am 17. April 1980

»Ich bin sehr erschüttert über den Tod Helmut Käutners. Ich habe einen Freund verloren und Deutschland einen seiner besten, engagiertesten Regisseure, einen fantasiereichen Künstler, der vor Einfällen schier barst, und von dem ich mir überhaupt nicht vorstellen kann, daß er, dieses Bündel geballter Energie, plötzlich von uns gegangen sein soll.

Er gehörte auf jeden Fall zu den ganz großen Künstlern seiner Generation, einer, der ohne Zweifel mit den großen Regisseuren Frankreichs vergleichbar war, ein Individualist, der in unschöner Zeit die schönsten Filme gedreht hat, die ich kenne.

Ich habe mit ihm zu Beginn meiner Karriere zusammengearbeitet und ihm viel zu verdanken. Den jungen Regisseuren des neuen deutschen Films war er eine der wenigen Vaterfiguren. Er hat auf diesem zernarbten Boden Deutschlands, mit Kameras, die kaum funktionierten, unter unsäglichen Schwierigkeiten Meisterwerke geschaffen – ein ganz großer Könner des deutschen Films.«

Die Schauspielerin und Sängerin
Hildegart Knef am 22. April 1980
im *Hamburger Abendblatt*

»Er hat einen meiner ersten Filme gemacht (*Epilog*), und er hat seinen letzten Film als Regisseur, das TV-Spiel *Mulligans Rückkehr*, für mich gedreht. Wir waren Nachbarn, und es war schrecklich, mitzuerleben, wie er mehr und mehr verfiel. Am Ende seines Lebens war er sehr verbittert und enttäuscht. Als er der große Käutner war, hatte er viele Freunde und Bewunderer. In den letzten Jahren war er, glaube ich, ein sehr einsamer Mensch.«

Der Produzent Arthur Brauner am
22. April 1980 in der *Berliner Morgenpost*

»Er hat mir kraft seiner ungeheuren Persönlichkeit den Übergang ins Charakterfach ermöglicht. Käutner ist unersetzlich.«

Der Schauspieler Harald Juhnke
am 22. April 1980 in der *BZ*

# Der Schmuggler

*Was Kritiker über den Regisseur Helmut Käutner schrieben und sagten*

»Es bleibt ein seltsames Rätsel, daß Käutner seine besten Filme unter der Diktatur Hitlers gedreht hat. Wenn sein bitterer Ausspruch, Kunst und Film sei Schmuggelware, zutrifft, dann ist sein Schmugglertalent nach 1945 immer mehr verkümmert, wofür freilich nicht immer Käutner, sondern zumeist der Filmkommerz haftbar zu machen ist. Die formale Ausgewogenheit und stilistische Geschlossenheit seiner Filme *Romanze in Moll, Unter den Brücken* und *Wir machen Musik* hat Käutner nach 1945 nie wieder erreicht, wenngleich die Mehrzahl seiner Nachkriegsfilme, indes mit Maßen und Einschränkungen, als immerhin beachtlich einzustufen ist.«
Henning Harmssen am 23. März 1973
anläßlich Käutners 65. Geburtstag in der
*Stuttgarter Zeitung*

»Für mich ist Käutner einer der letzten Regisseure einer Garde, die nach einem speziellen, heute nicht mehr zu findenden ureigenem System arbeitete; ein besessen fleißiger, akribischer, eigenwilliger und auch selbstkritischer Mann, dessen Filme eine eigene Sprache sprechen. Nicht alles, was Käutner präsentiert hat, war so perfekt wie sein Stil. Aber die Unverwechselbarkeit seiner Art, Schauspieler zu führen (und die größten ließen sich bereitwillig von ihm 'verarbeiten', die Sorgfalt seiner Einstellungen und die Kenntnisse der Kamerageheimnisse, die so vielen Regisseuren heute verborgen sind und bleiben, zeichneten auch die schwächeren Käutner-Filme aus. Unterm Strich: er hat eine Methodik entwickelt und total Eigenständiges vorge-

führt. Man wird schon bald von einer Ära Käutner sprechen . . . «

Peter W. Engelmeier, Filmkritiker und
Chefredakteur des Dienstes
*film manuskripte* am 31. März 1980

»Alle seine Schwächen, sein Hang zu Symbolen, sein
Drang nach Aktschlüssen, seine Vorliebe für das Requisit,
seine Jagd nach Gags, Effekten und Pointen, können aber
zugleich als seine Stärken gelten, wenn Käutner nach einer
soliden literarischen Vorlage zu arbeiten gezwungen wird.
Bleibt er dagegen der eigenen üppigen Fantasie unkontrol-
liert überlassen, so sprengt oft ein Übermaß an bloßen
Effekten (‚Mir fällt zuviel ein‘) und an Verspieltheit (‚Ich
bin ein ungeheuer verspieltes Kind!‘) das Gerüst der Handlung.«

*Der Spiegel* am 19. August 1959

»Manche hielten seine ungefährdete Erscheinung für ein
Wunder, denn Käutner sündigte von Film zu Film wider
den Zeitgeist, indem er meistens außerstande war, Wichti-
ges wichtig und Ernstes ernst zu nehmen. Natürlich kam es
nicht zur direkten politischen Pointe. Aber in jener Zeit
der verbissenen Entschlossenheit war es schon fast ein
Stück Untergrundarbeit, wenn einer vorführte, über wieviel man sich doppelbödig lustig machen kann. Einiges
erklärt sich aus Käutners Herkunft. Unter allen Regie-Kol-
legen des deutschen Tonfilms war er vorerst der einzige,
der nicht vom großen Theater kam. Er kam von der kleinen Studentenbühne.«

Roman Brodmann am 13. Januar 1980
in der Fernsehserie *Laterna Teutonica,*
in der es um die Entwicklung des
deutschen Tonfilms im Dritten Reich ging

»Festzustellen, was Käutner denn nun in erster Linie ist, Regisseur, Kabarettist, Bühnenbildner, Autor, Schauspieler, Filmemacher, fällt schwer. Seine Talente sind eigentlich in alles eingeflossen, was er gemacht hat, vielleicht liegt es auch in diesem Überborden von Begabung, daß sich nie ein eigentlicher Käutner-Stil entwickelt hat.«

Sven Hansen am 25. März 1978
in der Münchner *Abendzeitung*

»Daß er die heißen Eisen nicht scheut, sich vielmehr mit ihnen befreundet, das hat auch der Schauspieler und Theaterregisseur Helmut Käutner mehr als einmal auf den Bühnen mehr als einer deutschen Stadt bewiesen. Da fragt er nicht danach, ob ein Stück, das er inszeniert, Erfolg haben wird, wenn ihn nur die künstlerische Aufgabe interessiert. Als ein Mann, der im Filmgeschäft sein Geld verdient und ‚Kunst einschmuggelt‘, darf er sich solchen Idealismus leisten. Und den Funk oder eine Oper dazu.«

Rolf Thoel im März 1956 zu Käutners
48. Geburtstag in der *Welt am Sonntag*

»Der Dandy (Käutner) gibt stets der individuellen Wahrheit den Vorrang, er kultiviert die Nuance, den emotionellen Schock, akzeptiert keine andere Wahrheit als die *amour passion* im Stil von *Tristan und Isolde*. Die Nachteile dieser Subtilität: ein gewisser Exhibitionismus, ein charakteristischer Mangel an Kraft, die Vorherrschaft eines eher femininen Sentimentalismus.«

Louis Marcorelles

»Er hat bei Gründgens gespielt und inszeniert. Er ist, als es Spaß sonst kaum gab, im Kabarett der Komiker am Lehniner Platz zu Berlin aufgetreten und hat sich mehrfach tollkühn im kabarettistischen Alleingang bewährt. Er hat richtig satirische Revuen geschrieben und gespielt, als das

*Helmut Käutner im Jahre 1940*

unter den Nazis schier unmöglich schien, er hat Witz an den Mann gebracht, als sonst fast allen der Humor total vergangen war. Er ist im Filmgeschäft geblieben, hat bis zuletzt Kino gemacht, aber er hat nie einen auch nur annähernd ‚braunstichigen' Film abgeliefert, er hat Charakter. Er gehörte, als der Krieg vorbei war, zu den ganz wenigen Filmemachern, die sofort wieder anfangen konnten. Seine Weste war rein.

Seitdem hat dieser so immens fleißige Mann (mit der oft allzu leichten Hand) zu arbeiten kaum eine Stunde aufgehört. Er ist wieder zum Theater gegangen. Er hat zu den besten und richtigsten Inszenatoren von Anouilh gehört, solange der in Mode war. Er hat Regie geführt, als Kortner den Willy Lohmann in Millers *Tod eines Handlungsreisenden* spielte. Er hat selbst zahllose Male auf der Bühne gestanden, am eindrucksvollsten als Sigmund Freud mit einer Maskenechtheit, die frappierte.

Er hat (ehrgeizig wie er ist) Hollywood nicht umgangen, hat dort zwei Filme gedreht, aber in Kalifornien Fortune denn doch nicht gehabt. Er hat, soviel er auch und so fleißig er produzierte, immer wieder Perioden des Mißlingens erleben müssen – und hat sie überstanden.«

Friedrich Luft am 3. Juni 1975
in der *Welt*


»Helmut Käutners bestes Teil ist der makabre Humor, der ihn auch als Kabarettisten auszeichnet; sein schwächeres Teil ist seine Neigung zum Sentiment, in dessen Falle er stets dann stolperte, wenn er sich von seiner Auffassung nicht zu befreien vermochte, Filme hätten sich auf Literatur zu stützen.«

Die *Neue Züricher Zeitung*
am 23. März 1978

# Vom Wasserturm zum ‚Simpl'

*Jugendjahre, Studium, Kabarett*

25. März 1908: Kaiser Wilhelm wird in Venedig von König Emanuel empfangen. Die amerikanische Regierung nimmt eine Einladung zu einem Flottenbesuch in China an. Der Provinziallandtag in Kiel beschließt einstimmig, die Automobilbesitzer zu den Wegeunterhaltungskosten heranzuziehen. Der frühere sozialistische Gemeinderat Oben entleibt sich in Cherbourg, nachdem er in einer Versammlung der Sozialisten als Spitzel des Ministeriums bezeichnet worden war. In Bern werden nach einem Anschlag auf den Simplon-Nachtschnellzug zwei Männer verhaftet. Anzeige im *Hamburger Fremdenblatt:* Welche gebildete Persönlichkeit leiht Kaufmann 20 Mark?

Dieser 25. März – ein Mittwoch – ist ein kühler Frühlingstag. In Düsseldorf betritt schreiend ein munterer Knabe die Bühne des Lebens. Die Eltern, der Kaufmann Paul Käutner und seine Frau Claire, eine geborene Röntgen, geben ihrem Sohn den Namen Helmut. Vom Vater erhält der Junge den westfälischen Dickkopf, von der Mutter – wie zum Ausgleich – den rheinischen Frohsinn.

Helmut Käutner wird in eine Zeit geboren, in welcher der Film, der später sein Leben bestimmen, und dessen Entwicklung er selbst mit prägen sollte, noch in den Kindesbeinen steckt.

Erst dreizehn Jahre zuvor war so etwas wie der Startschuß gefallen. Am 22. März 1895 inszenierten die französischen Brüder Louis und Max Lumière in der Sociètè d' encouragement à l'industrie nationale ihre erste Filmvorführung.

Doch das war nur ein Meilenstein in der Entwicklung der frühen – noch stummen – Cinematographie.

9. März 1893: Erste Vorführung mit dem Betrachtungs-apparat von Thomas Alva Edison im Brooklyn Institut.

4. April 1894: Aufführung mit dem Edison-Gerät in New York, Broadway 1155. Tageseinnahme: 153 Dollar.

1. Juni 1895: Die Gebrüder Lumière zeigen am Congrès des Sociètè photographiques de France in Lyon acht Filme zwischen acht und siebzehn Metern Länge.

1. November 1895: Erste öffentliche Filmvorführung der Brüder Max und Emil Skladanowsky im legendären Berliner Wintergarten.

28. Dezember 1895: Start der öffentlichen Lumière-Vorführungen im Pariser Grand Café, 14 Boulevard des Capucines. In dem bescheidenen Souterrainlokal laufen im 20-Minuten-Programm acht bis zehn Filme. Eintritt: 1 Franc. Einnahme am ersten Tag: 35 Francs.

Eine alte Sehnsucht der Menschheit ist auf dem Weg zur publikumsträchtigen Alltäglichkeit.

Im Alltag des jungen Helmut Käutner spielt die Cinematographie keine Rolle. Noch keine. Aber der Schüler des Helmholtz-Realgymnasiums in Essen, wohin die Käutners inzwischen (1916) umgesiedelt sind, beweist, daß ein guter Mathematikeleve auch ein As bei Laienspielaufführungen zu sein vermag.

In der elterlichen Wohnung läßt er die Puppen tanzen. Die Puppen spielen *Faust,* und er, der sie mit Leidenschaft für seine jüngere Schwester Ruth bewegt, steht bei zahlreichen Aufführungen seines Gymnasiums auch selbst auf den Brettern. Die Rollen, die er spielt, führen über *Charleys Tante* und *Klaus Störtebeker,* an die er sich als Fünfzehnjähriger auch im Essener Kinderheim im Ostseebad Graal heranwagt, bis zu den etwas pathetischen Stücken wie *Minna von Barnhelm* oder *Klaus von Bismarck,* dessen Helden er als Primaner auf die Bühne bringt. Da trägt er schon im Herzen, was ihm Kritiker später gemeinhin als ‚Berufung' bescheinigen.

Zum Kreis der theaterbesessenen Gymnasiasten, die von Helmut Käutner geführt und dem Fußball entwöhnt werden, gehört auch sein Freund Paul Klinger. Die beiden wohnen sich am Essener Wasserturm gegenüber und stromerten schon als Jungen gemeinsam mit Klingers Vetter Karl-Heinz durchs Gewirr von Baugeräten und Gerüsten des nahen Bauhofs Uhlendahl.

Die Eltern der blondgelockten Unzertrennlichen müssen dieses Spiel auf dem Bauhof nicht ungern gesehen haben: Der eine – Paul Klinger – soll, der andere – Helmut Käutner – will Architekt werden; und daß Karl-Heinz Uhlendahl eines Tages den väterlichen Betrieb übernimmt, ist ohnehin klar (er profiliert sich später allerdings als Fernseh- und Funkregisseur und Kinobesitzer).

Mit achtzehn ‚baut' Helmut Käutner sein Abitur; 1926, dem Jahr, in dem *Tartüff* mit Lil Dagover und dem meisterhaften Emil Jannings sowie *Mühle von Sanssouci* mit dem imposanten Otto Gebühr als Friedrich der Große in den Kinos laufen, und sich die 1917 gegründete Ufa gerade in finanziellen Schwierigkeiten befindet.

Auch Helmut Käutner ist knapp bei Kasse. Sein Vater ist im Ersten Weltkrieg gefallen, die Mutter stirbt ebenfalls früh. Der Achtzehnjährige studiert an der Düsseldorfer Kunstgewerbeschule Reklame, Innenarchitektur und Grafik.

Doch die Lust – und wohl auch der Drang –, sich mit der Philologie zu befassen, ist größer als der Reiz, Häuser zu bauen oder sie einzurichten. Helmut Käutner wechselt die Stadt und die Fakultät. Er läßt sich an der Münchner Universität immatrikulieren und hört nun Kunstgeschichte, Germanistik, Philosophie sowie Psychologie. Das Semestergeld verdient er sich als Zeichner in einer Möbelfirma und als Bergbau-Werkstudent im heimatlichen Kohlenpott.

An der Isar gerät Helmut Käutner schnell in den literarischen Kreis des Theaterwissenschaftlichen Seminars von Professor Artur Kutscher.

Dieser Kutscher ist eine schillernde Figur. 1878 in Hannover geboren, Student, von Hermann Löns zum Journalismus geholt, 1903 Dr. phil., 1907 Privatdozent, führt 1908 als erster an einer deutschen Universität das Fach Theaterwissenschaft ein. Kutscher veranstaltet Dichterlesungen mit Wedekind, Ringelnatz, Thomas Mann, Eugen Roth und anderen, erlebt als Hauptmann den Ersten Weltkrieg, sammelt 6000 Texte und 1800 Melodien von Soldatenliedern, gründet mit Max Halbe und Frank Wedekind die künstlerische Münchner Stammtischrunde ‚Das Neue Krokodil', unternimmt – getreu seiner Maxime: das oberste Gesetz ist die Anschauung – mit seinen Schülern Studienfahrten, schickt sie ins Theater, läßt sie Kritiken schreiben, veranstaltet Regieübungen.

Kutscher ist ein Rattenfänger. 20 000 Schüler, darunter Thomas Mann, kreuzen seinen Lebensweg. Auch Helmut Käutner folgt ihm willig. Schreibt Feuilletons und Kritiken für die Hochschulzeitung, polemisiert, von den Mit-Kommilitonen freudig beklatscht, mit Druckerschwärze gegen den späteren Reichsjugendführer Baldur von Schirach. Und reißt andere mit seiner Begeisterung mit. Zum Beispiel seinen Jugendfreund Paul Klinger.

»Helmut«, erinnert sich der spätere (und 1971 verstorbene) Schauspieler einmal, »Helmut überredete mich, nicht die Technische Hochschule zu besuchen, um Architekt zu werden, sondern seinem Beispiel zu folgen.« Paul Klinger studiert fortan Theaterwissenschaft und hat es nie bereut.

Gemeinsam gehören sie – wie auch Wolfgang Liebeneiner – der Nibelungen-Spielschar an, die im Lichthof der Universität oder im Studentenhaus agiert. Gemeinsam auch stehen sie als Statisten auf der Bühne des Otto-Falkenberg-Schauspielhauses.

Anfang der dreißiger Jahre beginnt Helmut Käutner die

Fesseln des Statistendaseins zu sprengen. Es ist die Zeit, in der sich eine skeptischer gewordene Jugend von der Euphorie der verklärten und glorifizierten ‚Zwanziger' löst. Und es ist die Zeit der studentischen Kabaretts, die – vorwiegend während der Faschingszeit gegründet – wie Pilze aus der Erde schießen.

Einer dieser Kabarett-Pilze sind die ‚Vier Nachrichter'. Geistiger Kopf ist Helmut Käutner, unterstützt von seinen drei Kommilitonen Kurd E. Heyne, Bobby Todd und Werner Kleine. Mit seinem Namen spielt das Quartett auf berühmte Vorbilder und geistige Ahnen an: auf die ‚Elf Scharfrichter', die am 13. April 1901 in der Münchner Türkenstraße 28 ihre furiose Kabarett-Zeit starteten.

Die scharfzüngigen Kabarettisten haben Erfolg: Käutner & Co. treten im Januar 1931 im ‚Simpl' und ab September bei ‚Annast' am Hofgarten erstmals in die Öffentlichkeit. Mit studentischer Unbekümmertheit glossieren die vier Studiker Alltagsprobleme und parodieren mit ihrem Stück *Die Erbrecher* Ferdinand Bruckners *Verbrecher*. Später folgen *Herz AG, Hier irrt Goethe, Der Esel ist los* und *Die Nervensäge*. Als Musikchef Werner Kleine aussteigt, geben Norbert Schultze und andere unter dem neutralen Pseudonym ‚Frank Norbert' mehr oder weniger lange Gastspiele bei den »Nachrichtern«.

Wieder hat Artur Kutscher, dessen besondere Liebe dem Laienspiel gilt, seine Finger im Spiel. Der Professor und sein Seminar sind berühmt für ihre Faschingsfeten. Höhepunkt eines jeden Jahres ist die Uraufführung eines Stückes, geschrieben von Studenten.

Kutscher-Schüler Käutner, schon mit Brettl-Erfahrung behaftet, bekommt den Auftrag für eines dieser Faschings-Kabaretts. So entsteht im Goethe-Jahr 1932 *Hier irrt Goethe*. Eine Persiflage auf den Rummel der Bildungsphilister und die, die glauben, den Literaten mit Aschenbechern, Gipsbüsten und anderem Kitsch ehren zu müssen. Helmut

Käutner, Bobby Todd und Kurd E. Heyne schreiben den Text, Heyne und Todd die Musik, Helmut Käutner entwirft das Bühnenbild.

Mit einer Revue-Fassung und einem bis zu 23 Darstellern erweiterten Ensemble gehen die ‚Nachrichter' in roten Pullovern und grauen Hosen mit *Hier irrt Goethe* auf Tournee. Die Kritik ist begeistert. Das *Berliner Tageblatt* jubelt am 9. April 1932: »Ein himmlischer Abend . . . Wann in diesem Winter hat man so gelacht?«

Im gleichen Jahr (die NSDAP stellt inzwischen – gewählt von 13 745 000 Deutschen – die stärkste Partei im Reichstag) geben Käutner und seine kabarettistischen Mitstreiter in der dokumentarisch gedachten Verfilmung *Kreuzer Emden,* in der sie zwischen infernalischem Geschützdonner als Matrosen Frohsinn zu verbreiten haben, unter der Regie von Louis Ralph ihr Film-Debüt. Es ist Käutners erste Begegnung mit dem Medium Film; die nächste sollte noch Jahre auf sich warten lassen.

Nur ein Jahr später, 1933, gibt es in Europa bereits 29 693 Kinos (davon 20 933 Tonkinos), erhebt sich Josef Goebbels zum Kulturwächter des deutschen Films, werden jüdische Produzenten, Autoren, Regisseure und Schauspieler kaltgestellt, siedelt Max Reinhardt nach Österreich um, gehen andere in die Emigration.

Käutner & Co. (»Wir wollten ursprünglich nur Kabarett machen, aber nach 1930 geriet man ganz von selbst in die Mühlen der Politik«) gedeihen 1933 zu einem Markenzeichen. Ihr Brettl-Stil hat literarischen Bildungspfiff, ihre kabarettistischen Arrangements suchen landauf, landab ihresgleichen. Von Ringelnatz einst zum Münchner ‚Simpl' dirigiert, erobern sie auf ihren zahlreichen Gastspielreisen (durch während ihres Bestehens insgesamt fast 400 Orte) Provinz wie Großstädte.

Ein Kritiker urteilte später einmal: »Was sich in München tat, als Helmut Käutner, stud. phil. und Absolvent des theaterwissenschaftlichen Seminars von Professor Kutscher, seine Kommilitonen Kurd E. Heyne, Bobby Todd und Frank Norbert zusammentrommelte, um mit ihnen ein freches Kabarett zu bauen, suchte selbst in jener damals so geistig freien, an Tucholsky geschulten kabarettistischen Ära seinesgleichen.«

Und der 1961 verstorbene Kurd E. Heyne erinnerte sich auf einer Schallplatte mit Parodien, Balladen und musikalisch-textlichen Brettl-Frechheiten zwischen einem Dutzend Originalaufnahmen der ‚Nachrichter‘: »Schuld an allem hat Artur Kutscher, dessen verdammte Pflicht und Schuldigkeit es gewesen wäre, die jungen Burschen zum Examen zu führen und nicht auf das Brettl zu schubsen.« Freilich, so gesteht er im gleichen Atemzug, seien sie ihm alle unendlich dankbar dafür.

Diese kabarettistische Zeit ist Helmut Käutners Quell für Sketch-Sentenzen, die später fast alle seine Filme prägen. Er lernt, daß Improvisation, mit der das Kabarett scheinbar arbeitet, gründlich erprobt sein muß. »Wir haben den Dilettantismus genau studiert. Haben uns gefragt, wie würde ein unbeholfener Student nach Meinung des Publikums die Sache bringen, und das dann eingeübt.« Aus dieser Methodik heraus, die ihm seinen ersten großen Erfolg verschafft, weigert sich Käutner später beharrlich, bei seinen Filmen zu improvisieren.

Vier Jahre lang treiben die ‚Nachrichter‘ gewitzten, bissigen Jokus in Versen, Songs und Kabarett-Revuen, fahren verwegen mit der Reitpeitsche der Schalksnarren quer durch die Visagen kleinbürgerlicher, politisch infizierter Kulturregelung. 1935 schreiben Helmut Käutner und Kurd E. Heyne das Stück *Die Nervensäge*. Doch der Freiraum dessen, was man noch sagen darf, ist schmal geworden. Pulverdampf und Heroenwahn liegen in der Luft, Humor und Sarkasmus sind nicht mehr gefragt. Das agile opportunistische Brettl-Quartett mit seinen halsbrecherisch gefährlichen Pointen, den NS-Kulturwächtern schon lange ein Dorn im Auge, wird auf die schwarze Liste gesetzt. Wenige Tage vor der Uraufführung ihrer (nach dem Krieg von Helmut Käutner verfilmten) Komödie *Der Apfel ist ab* lösen sich die ‚Nachrichter‘, die gerade mit der *Nervensäge* im Theater in der Stresemannstraße gastieren, auf.

Kurd E. Heyne emigriert in der Folgezeit in die Schweiz, Bobby Todd setzt sich nach Italien ab, Norbert Schultze avanciert mit Marschliedern und Kriegsschlagern zu einem der Lieblingskomponisten im Dritten Reich.

Und Helmut Käutner? Der quirlige Kabarettist, seit 1934 mit der jungen Schauspielerin Erica Balqué verheiratet, wechselt vom Brettl zur Bühne.

# Der Pointensetzer

Nach dem Abschied vom Brettl klopft Helmut Käutner beim Theater an. Bei den Festspielen in Wunsiedel debütiert der Ex-Kabarettist im Ensemble der Bayerischen Landesbühne Luisenburg als ‚zweiter Germane‘ in der *Hermannsschlacht* von Kleist auf den Bühnenbrettern. Nicht gerade das, was man eine Karriere nennt, geschweige denn das, was den lebensfreudigen Rheinländer mit der üppigen Fantasie befriedigt.

Aber Wundsiedel ist nur der Anfang. In den nächsten Jahren (1936–44) spielt und inszeniert Helmut Käutner am Schauspielhaus in Leipzig, an den Kammerspielen in München, am Staatstheater unter Gründgens in Berlin; hält er Einzug ins ‚Theater am Schiffbauerdamm‘, die ‚Komödie‘, das ‚Kabarett der Komiker‘ in Berlin. Er legt seine erste Theaterregie *Turandot* ab, bespricht und besingt Schallplatten, schreibt Romane, Lustspiele (zum Beispiel *Das Auto geht in See*), Theaterstücke und Filmdrehbücher.

Es sind Jahre des Lernens, aber auch der Erkenntnis. Denn eines kristallisiert sich bald heraus: Helmut Käutner ist kein außergewöhnlich guter Schauspieler. Seine Darsteller-Begabung ist weniger kraftvoll, als er selbst glaubt. Dafür wird anderes erkennbar: sein Talent zu inszenieren, seine Brillanz für dramaturgische Einfälle.

Und noch etwas wird deutlich: Käutners Fleiß. Neben dem Rüstzeug, das er sich am Theater erarbeitet, schreibt er wie zu »Nachrichter«-Zeiten weiter ironisch-parodistische Stücke. Fast alle werden verboten. Die Goebbels-Lasallen machen, Beginn eines nicht nur kulturellen Niedergangs, kurzen Prozeß mit allem, was in ihren Augen zersetzenden Charakter hat.

Dennoch geht der fröhliche Rheinländer seinen Weg. 1938, nach zweijähriger Tätigkeit als »ambulanter Komödiant« (Käutner über Käutner), nähert sich der vielseitig begabte Ex-Kabarettist dem Film. Noch zaghaft zwar, aber zielstrebig.

Der Einstieg vollzieht sich logisch: mit Gags und witzigen Dialogen motzt Helmut Käutner Drehbücher auf. Seine Spitzen stechen wie einst die Brettl-Sticheleien. Das Kabarett-As wird zum Pointensetzer.

Gar nicht zum Lachen freilich findet der Gag-Lieferant, was mit seinen ersten Drehbuchvorlagen passiert. Mit Mißmut registriert er, der einmal Ausgetüfteltes nur unwillig wieder umstößt, die häufige Kollision seiner Einfälle mit den Vorstellungen der Ufa-Dramaturgen, die unentwegt Änderungswünsche an seinen Manuskripten vorbringen. Dem Ärger folgt aufmüpfige Resignation. Honorarschreiber Käutner weigert sich, weiterhin hilflos zuzusehen, wie seine Ideen verpuffen.

Hilfe kommt von Hans Schweikart, dem Vorstandsmitglied der »Bavaria«-Filmgesellschaft. Er vermittelt den Gag-Schreiber als Co-Autor.

Die Münchner Filmleute spannen den verbotenen Kabarettisten mit dem monokeltragenden Lustspiel-Praktiker Bobby E. Lüthge zusammen. Ein – wie sich zeigen wird – fruchtbares Gespann.

Ihr gemeinsames Erstlingswerk *Salonwagen E 417,* die Geschichte eines musealen Eisenbahnwagens, der zu mitternächtlicher (Geister-)Stunde seinen höhen- und tiefenreichen Lebensweg auf Schienen Revue passieren läßt, kommt – vom schon *Fledermaus*-erprobten Paul Verhoeven mit Käthe von Nagy, Paul Hörbiger, Maria Nicklisch und dem jungen Curd Jürgens inszeniert – am 14. April 1939 in die Kinos.

Eine Szene des Films verdient näherer Betrachtung. Die, in der ein Leierkastenmann verkniffen den Blues-Tango *Es geht alles vorüber, es geht alles vorbei* auf seiner Orgel dreht. Da ist er wieder, der echte Käutner, der schon als »Nachrichter« den Leuten vigilant auf's Maul und ins Hirn geschaut hat. Sein Text, auch später noch oft und gern gesungen, signalisiert, was viele in diesen Wochen und Monaten denken – und hoffen.

In Künstlerkreisen hat man schon lange die Zeichen der Zeit erkannt. Aber nur die wenigsten opponieren offen wie Paul Hörbiger. Der in Ungarn geborene Ur-Österreicher redet sich (auch später noch) unbeschadet, wofür andere hinter Gitter sitzen würden, von der Seele, was er denkt.

Viele Schauspieler, Regisseure und Autoren orientieren sich zum Unterhaltungsfilm, um dem stärker werdenden politischen Druck auszuweichen. Auch Helmut Käutner, der das Kunststück fertigbringen sollte, in einem erstaunlichen Slalom mit List und Mut den Pressionen der Reichskulturhüter auszuweichen, ohne zu kuschen.

Am 10. Mai 1939 hat *Die Stimme aus dem Äther* Premiere. Regie: Harald Paulsen. Drehbuch: Helmut Käutner zusammen mit Edgar Kahn und wieder Routinier Bobby E. Lüthge.

Die Liebesgeschichte im Künstler-Milieu mit Anneliese Uhlig, Mady Rahl und Ernst Waldow in den Hauptrollen war schon verfilmt worden, aber so mies ausgefallen, daß die Verantwortlichen der Berliner Terra-Filmkunst GmbH (seit 1937 befinden sich alle großen Filmgesellschaften in Reichsbesitz) fast 2000 Meter belichteten Film wegwerfen und nach einem Käutner-Neuaufguß fast komplett nachdrehen lassen. Dem Film hilft's nicht viel.

Zwölf Tage später stellt sich der näselnde Theo Lingen mit *Marguerite: 3* (Bei der Neuaufführung 1950 in *Eine Frau für drei* umbenannt) als Regisseur vor. Drehbuch: Helmut Käutner, Axel Eggebrecht. Hauptdarsteller: Gusti Huber, Hans Holt, Franz Schafheitlin, Grethe Weiser, Theo Lingen, Annie Rosar.

Auch Victor de Kowa legt sein Regiedebüt mit einem Drehbuch à la Käutner (wieder als Co-Autor von Bobby E. Lüthge) ab. *Schneider Wibbel,* am 18. August 1939 in Düsseldorf uraufgeführt, entsteht nach dem rheinischen Volksstück von Hans Müller-Schlösser.

De Kowas Regie-Erstlingswerk über das tapfere Schneiderlein, das seiner Kritik an Napoleon zum Opfer fällt und als vermeintlich Toter für Verwirrung sorgt, bekommt bald Ärger mit den braunen Machthabern, die schon Käutners Kabarettisten-Laufbahn jäh stoppten. Die Freiheit, die Erich Ponto als Schneider Wibbel preist, und der Hinweis seiner Frau Fin (Fita Benkhoff), er solle doch besser den Mund halten, passen nicht in die nationalsozialistische Landschaft, in der sich verstärkt der Tendenzfilm breitmacht.

Ungeachtet solcher Mißlichkeiten spinnt Helmut Käutner, agil wie zu »Nachrichter«-Zeiten, weiter seine Filmstories. In der Schreibfabrik des emsigen Bobby E. Lüthge (Autor von fast 100 Stumm- und beinahe ebenso vielen Tonfilmen) eignet er sich so viel handwerkliches Rüstzeug an, daß er sich, gerade 31jährig, fest als Autor etabliert.

Zufrieden ist der fabulierfreudige Tausendsassa dennoch nicht. Immer wieder ärgert er sich über Änderungen in seinen Drehbüchern, über neue Dialoge und gestrichene Szenen. Käutner, Enkel des Nobelpreisträgers Wilhelm Conrad Röntgen, geht mit Röntgenblick den Gründen seines Mißmuts nach. Er erkennt schnell, daß nicht die ungeliebten Dramaturgen allein es sind, die seine Texte »verfälschen«, die wahren »Schandtäter« agieren im Atelier, im Studio.

Käutners Konsequenz ist logisch: Er will künftig dabei sein, wenn auf Zelluloid gebannt wird, was er erdacht hat – sein nächster Schritt zwangsläufig: er bewirbt sich, bei der Terra in Berlin als Regie-Assistent.

Was nun passiert, könnte aus einem – allerdings schlechten – Drehbuch stammen. Der Produktionschef der Terra wird plötzlich abgelöst. Der neue Mann, Peter Paul Brauer, findet bei seinem Amtsantritt in seinem Büro einen selbstbewußten Jüngling – Helmut Käutner – vor, der wähnt, als Regie-Assistent unter Vertrag genommen zu werden. Eine Stunde lang diskutieren die beiden aneinander vorbei: Käutner, der meint, es gehe um den Assistenten-Posten, Bauer, der glaubt, er solle mit Käutner einen Regie-Vertrag abschließen.

Das Gespräch endet, wie es kaum einer der Filmleute – zuallerletzt Käutner – erwartet: Peter Paul Brauer gibt dem eloquenten jungen Mann, der ihm 60 Minuten lang mit westfälischer Dickschädligkeit eintrichtert, daß nicht sein darf, was nicht sein kann – daß ein Drehbuch für den Regisseur verbindlich zu sein hat – die Chance seines Lebens. Produktions-Boß Brauer unterschreibt einen Regie-Vertrag. Helmut Käutner – Puppenspieler, Laiendarsteller, Zehn-Semester-Student, Autor, Kabarettist, Schauspieler, Theaterregisseur, Drehbuchautor, steht am Anfang einer neuen Karriere: Er inszeniert seinen ersten Film.

# Gelobt und verboten

*1939 bis 1945: Die ersten neun Spielfilme*

Helmut Käutner hat den Regie-Auftrag für seinen ersten Spielfilm in der Tasche und – Parallele zu seinen späteren Arbeiten – auch das Drehbuch stammt von ihm.

Die Filmhandlung basiert auf dem Lustspiel *Weltkonferenz* von Stefan Donat. In Lugano findet eine Weltwirtschaftskonferenz statt. Alle bedeutenden Politiker und Wirtschaftsexperten sind gekommen. Der holländische Journalist Piet Enthousen erhofft sich ein Interview mit dem englischen Wirtschaftsminister. Hilfe kommt von Kitty, einem süßen Schweizer Mädchen, Maniküre des Edenhotels in Lugano. Kitty verliebt sich in Piet, macht sich – hübsch, gescheit und geschickt – an die illustren Teilnehmer der Weltkonferenz heran und bringt nach etlichen Verwicklungen das ersehnte Interview mit Sir Horace Ashlin zustande.

Eine witzige und von Käutner wortreich angelegte Geschichte. Angesichts des bevorstehenden Zweiten Weltkrieges aber jenseits aller Realitäten.

Regie-Neuling Käutner wird eine filmerprobte Crew zur Seite gestellt: der kleine, stämmige Boleslaw Barlog und der vielseitige Rudolf Jugert als Regie-Assistenten, der hervorragende Willy Winterstein als Kameramann sowie der junge, schon erfolgreiche Komponist Michael Jary.

Die hübsche Geschichte der kleinen Schweizer Maniküre, die in die hohe Politik hineingerät und Verwicklungen auslöst, die letztlich dem Frieden dienen, steht und fällt mit der Darstellerin der Kitty.

Helmut Käutner, noch bar jeder Erfahrung bei Film-Besetzungen, hört sich an, was erfahrene Kollegen raten: Es ist nicht ausschlaggebend, daß die Hauptdarstellerin so jung ist wie im Drehbuch vorgeschrieben, wichtig ist, daß eine erfahrene Schauspielerin die Rolle spielt. Käutner vernimmt's und tut das Gegenteil: Er angelt sich einen unerfahrenen Backfisch.

Hannelore Schroth ist erst siebzehn, ein unbeschriebenes Blatt, aber von gutem Schrot(h) und Korn: Käthe Haack, die Mutter; Heinrich Schroth, der Vater. Beides exzellente Schauspieler. Die Taufpaten des Teenagers sind's nicht minder: Werner Krauss und Emil Jannings (für seine Stummfilmrollen in *The Way of All Flesh* und *The Last Command* 1927/28 als erster Deutscher in Amerika mit dem »Oscar« geehrt).

Die liebreizende Hannelore, die aus einem Internat in Lausanne ausreißt, um in Berlin Theater zu spielen, macht den prominenten Eltern und Taufpaten alle Ehre. Und beweist nachdrücklich Käutners Blick für Talente. Eine Gabe, die ihn in der Folgezeit zum filmischen Vater vieler Stars werden läßt.

Um den Neuling Hannelore Schroth schart Helmut Käutner bewährtes Mimengut: den seit 1927 filmerfahrenen Paul Hörbiger, Christian Gollong, Maria Nicklisch, den preußischen Offizierssohn Hubert von Meyerinck, Charlott Daudert, Hermann Pfeiffer, Max Gülsdorff, den unverwechselbaren Wilhelm Bendow.

Das Lustspiel *Kitty und die Weltkonferenz* spielt in Lugano. Helmut Käutner, schon seit Kabarettzeiten der Detailtreue verschworen, beantragt Devisen für die Außenaufnahmen in der Schweiz. Er hätte es besser wissen müssen. Die Antwort des Propagandaministeriums im Sommer 1939, schon im Schatten des heraufdämmernden Krieges, ist denn auch bezeichnend: »Für solche unwichtigen Stoffe hat das Deutsche Reich keine Devisen zur Verfügung. Suchen Sie sich einen anderen Luganer See für das Projekt. Käutner sucht – und findet. Er zieht mit seinem Filmteam in ein Hotel am Millstädter See in die damalige »Deutsche Ostmark«.

Auch bei den Dreharbeiten hält er den einmal eingeschlagenen Kurs ein: eines Tages muckt seine jugendliche Hauptdarstellerin auf. Käutner legt Hannelore Schroth vor versammelter Mannschaft kurzerhand übers Knie und versohlt ihr den Hintern. Anschließend dreht er weiter, als wäre nichts geschehen.

*Kitty und die Weltkonferenz* wird am 25. August 1939 in Stuttgart uraufgeführt. Die Kritik ist angetan: Die Inszenierung hat ungewohnten Charme und Tempo. Lobt: Ein gescheiter Film voll unausgesprochener Ironie, mit zartem Humor, ohne Klamauk, ohne jede Derbheit. Bescheinigt dem Regie-Debütanten, er habe ein exzellentes Lustspiel abgeliefert. Manche gar sprechen von einem jungen Lubitsch. Allerdings nur hinter vorgehaltener Hand, denn der wohl größte deutsche Lustspiel-Regisseur ist Jude und längst in Hollywood.

Die Begeisterung hält nicht lange an. Am 25. August beginnt die Mobilmachung. Am 1. September gibt Hitler den Befehl zum Einmarsch in Polen. Zwei Tage später erklären England und Frankreich dem Deutschen Reich den Krieg. Der Alltag hat Käutners Friedenskonferenz eingeholt.

Am 3. Oktober 1939 wird *Kitty und die Weltkonferenz* im Berliner Gloria-Palast zum erstenmal einem breiteren Publikum gezeigt. In der Wochenschau flimmern die ersten Bilder vom zerschossenen Polen.

Die Presse am nächsten Tag ist lauwarm. Käutners »Sünde« wird überdeutlich: er hat die Teilnehmer der Weltkonferenz mehr oder weniger sympathisch gezeichnet. Diplomaten, die über Nacht Feinde Deutschlands geworden sind.

Erinnert der Regisseur mit dem kühl anmutenden, aber geistig sprühenden Temperament: »Eigentlich war die Geschichte recht harmlos. Das Diplomatenmilieu war mit ka-

*Paul Hörbiger in ›Kitty und die Weltkonferenz‹ (1939)*

barettistischen Mitteln etwas satirisch gefärbt, und auch die Beziehung der Achsenmächte Deutschland und Italien wurde etwas glossiert. Anstoß nahm Joachim von Ribbentrop an der Figur des witzigen, überlegenen Sir Horace

Ashlin (von Fritz Odemar, auf Chamberlain angelegt, glänzend dargestellt), der ihm gewissermaßen als besseres Beispiel präsentiert wurde. Ribbentrop hatte sich nämlich bei einem Auftritt in England sehr ungeschickt und töricht benommen.«

Der Außenminister interveniert bei Goebbels. Drei Tage später wird *Kitty und die Weltkonferenz* verboten und – Ironie des Schicksals – bleibt es auch nach dem Krieg. Da ist den Alliierten der englische Minister zu unsympathisch . . .

Helmut Käutner, »der die Dreistigkeit besitzt, mit seiner geschickt kaschierten Satire auf die große Politik und Diplomatie heilige Kühe wenn schon nicht zu schlachten, so doch energisch zu kitzeln« (Henning Harmssen), weiß jetzt, wie schmal der Grat dessen ist, worauf er sich bewegen darf.

Sein verbotenes Erstlingswerk landet zwar im Archiv (was die nationalsozialistischen Machthaber nicht daran hindert, *Kitty und die Weltkonferenz* der Devisen wegen für Italien freizugeben), aber er darf weiterarbeiten. Nicht zuletzt deswegen, weil Josef Goebbels glaubt, daß dieser Käutner das beherrscht, worauf das Propaganda-Ministerium neben Tendenz- und Hetzstreifen außerdem Wert legt: einen amüsanten Unterhaltungsfilm drehen zu können.

Doch das Verbots-Edikt zeigt offensichtlich Wirkung: der leichtfüßigen, amüsanten *Kitty* folgt mit *Frau nach Maß* lediglich eine Gebrauchskomödie. Maßvoll im Inhalt, mittelmäßig in der Ausführung.

Goebbels' Kontrollbeamte in der Berliner Wilhelmstraße – Merke: Kein Film ohne den Segen des Ministeriums! – haben am Käutner-Drehbuch nach dem Bühnenstück *Frau nach Maß* von Eberhard Foerster nichts auszusetzen.

Neben Fritz Odemar, Hermann Pfeiffer und Wilhelm

*Ursula Herking in ›Frau nach Maß‹ (1940)*

Bendow, drei alten Bekannten aus *Kitty und die Weltkonferenz,* angelt sich der blauäugige Düsseldorfer mit Berliner Wohnsitz die vielseitige Leny Marenbach und Hans Söhnker als Haupt-Akteure. Vervollständigt wird dieses Quintett durch Walter Steinbek, Hilde Hildebrand, Ursula Herking und Dorit Kreysler.

Auch beim Stab tauchen zwei Käutner-erfahrene Mitarbeiter auf: Rudolf Jugert nimmt auf dem Stuhl des Regie-Assistenten Platz, Norbert Schultze (einst als »Frank Norbert« Mitstreiter bei den »Nachrichtern«) sorgt für den musikalischen Rahmen.

Zwar bescheinigt Hans Söhnker seinem Regisseur später: »Schon mein erster Käutner-Film war eine wohlgelungene, erfreuliche Angelegenheit«, zwar lobt das *Hamburger Fremdenblatt* Käutners Zweitwerk nach der Premiere im März 1940: »Ein Film, der nicht zu lautem Lachen reizt, aber aus Herzenslust schmunzeln macht. Die Leichtigkeit der Handlung hat titelgetreu Maß und Stil.« Der Beifilm *Reis und Holz im Lande des Mikado* bekommt allerdings die bessere Kritik: »Bildlich eine Augenweide und voller Gehalt.« Den Nagel auf den Kopf trifft aber wohl Käutner selbst: »Die *Frau nach Maß* war mehr eine Fingerübung, durch die ich eine gewisse Leichtigkeit bekam und zum erstenmal eigentlich Parodie und Ironie in einem Film ausprobieren konnte.«

Der *Frau nach Maß* folgt weniger Harmloses. Das gilt nicht so sehr politisch (obwohl Käutners ironische Spitzen auf den Zeitgeist unverkennbar sind), sondern vielmehr künstlerisch. Der Film, von Käutner nach der gleichnamigen Erzählung von Gottfried Keller auch wieder selbst geschrieben, heißt *Kleider machen Leute*. Ein romantisches Märchen aus der Biedermeierzeit über den Schneidergesellen Wenzel, der einen Prachtfrack auf seine eigenen Maße zurechtschneidert, prompt von seinem Chef vor die Tür gesetzt wird und dank eines skurrilen Puppenspielers und etlicher glücklicher Zufälle mit seinem Frack zu einem russischen Grafen avanciert.

Gedreht wird in der Ufa-Stadt Babelsberg vor den Toren Berlins. S-Bahn Richtung Potsdam, Station Wannsee, dann rechter Hand der Griebensee mit all den Villen der Film-Stars drum herum, und schließlich die Station »Babelsberg – Ufa-Stadt«.

Eine Filmstadt der Superlative, Europas größtes Filmgelände. Zehn Tonfilmateliers, 2500 Darsteller können gleichzeitig versorgt und beherbergt werden. Eine Stadt, in der 17 000 Menschen arbeiten, in der 10 000 Möbelstücke, Tausende von Kostümen und Perücken schlummern, die

eine »Wiener Straße« (85 Meter lang, 14 Meter breit) ebenso beherbergt wie eine »Großstadtstraße« (90 Meter lang,
22 Meter breit); eine Stadt, in der Träume und Illusionen
produziert werden. Ein Traum, wenn nicht die Politik die
Filmkunst tyrannisieren würde.

Es ist Hochsommer, doch Heinz Rühmann (als Schnei-
dergeselle Wenzel), die zierliche Hertha Feiler, Hans Sternberg, Aribert Wäscher (der auch als Schriftsteller – so mit
*Gedanken nach 2 Uhr nachts* – auf sich aufmerksam

*Heinz Rühmann (rechts) in ›Kleider machen Leute‹ (1940)*

*Helmut Käutner und Erica Balqué*

macht), Fritz Odemar, Erich Ponto (als intelligenter und zugleich witziger Puppenspieler), Rudolf Schündler, Hilde Sessak (Markenzeichen: temperamentvolles Berliner Mundwerk und schrägstehende Katzenaugen) und all die anderen müssen in Pelzmantel und Fellmütze durchs Studio stapfen – *Kleider machen Leute* spielt im tiefsten Winter.

Käutner gibt seinen Darstellern Eiswasser zu trinken, damit ein wenig Dampf vor ihrem Mund die winterliche Atmosphäre im künstlichen Schnee von Babelsberg unterstreicht.

Der Schweizer Dichter Gottfried Keller zeichnet in seiner Erzählung das Bild des Kleinbürgers, der, getrieben von Konkurrenzneid und Habgier, einer Scheinwelt von Luxus und Glück nachrennt und dabei von seinem »gesunden Menschenverstand« immer wieder im Stich gelassen wird. Niederlagen verkraftet er, indem er sich gegen den wendet, den er kurz zuvor noch in den Himmel gehoben hat; ein Schicksal, das auch dem armen Wenzel widerfährt.

Helmut Käutner verzichtet – wie Keller – auf beißenden Sarkasmus. Er hat Mitleid mit seinen fehlgeleiteten Figuren. So entsteht ein leiser Film, voll Humor, aber auch voll Ernsthaftigkeit, in dem Trauer und Verzweiflung ebenso Platz haben wie das Lachen.

Unter seiner einfühlsam-romantischen Leitung gibt der kleine, komische Heinz Rühmann sein Film-Debüt als Charakter-Darsteller. Heinz Rühmann ist schon wer. Bekannt, beliebt, vielseitig. Tanzt – 1938 in *Fünf Millionen suchen einen Erben* –, singt – im gleichen Film *Ich brech' die Herzen der stolzesten Fau'n* und versteht es immer wieder auf seine ihm so gemütvolle Art, Heiterkeit zu erzeugen. So wollen ihn, der seit neun Jahren leidenschaftlich fliegt und nach seiner Scheidung von Maria Bernheim seit 1939 mit der jungen Wienerin Hertha Feiler verheiratet ist, seine

Fans sehen. In Käutners *Kleider machen Leute* bekleidet der Erzkomödiant jedoch eine eher beschauliche Rolle. Wen wundert's, daß das Kinopublikum nach der Premiere am 16. September 1940 in Konstanz nur verhaltend reagiert.

Schlagzeilen macht dagegen acht Tage später ein anderer Film: *Jud Süß*. Ein Hetzstreifen, dem viele Schauspieler nur mit Glück entfliehen können: Emil Jannings (»Ich werde nie in solch einem Film spielen!«), Rudolf Fernau (»Ich will nicht in dieses Schlamassel hineingezogen werden!«), Siegfried Breuer, Gustaf Gründgens (»Ich sage nein!«), Paul Dahlke, Willi Forst (»Für diese Rolle bin ich ungeeignet!«), René Deltgen.

Einer schafft es nicht: Ferdinand Marian. Obwohl er sich extra in Prag die Zähne herausreißen läßt, muß er unter der Regie vom mit 123 000 Reichsmark entlöhnten Veit Harlan den Jud Süß spielen. Aber der großartige Marian bringt es fertig, diese Rolle mit so viel Abstand zu gestalten, daß sein Widerwille für jeden, der sehen kann, ersichtlich ist.

Dennoch: *Jud Süß,* bei dem man sich nicht schämt, Juden aus den Gettos als Statisten einzusetzen, zeigt überdeutlich, was für eine Art Film Goebbels in diesen Tagen präferiert.

Auch Helmut Käutner bekommt's zu spüren. 1941 dreht er – deutlich bemüht, einen zu direkten Bezug zur NS-Zeit zu vermeiden – seinen ersten und einzigen Tribut an den Krieg: *Auf Wiedersehen, Franziska.*

Wieder sitzt der saloppe Wahl-Berliner nicht nur auf dem Regiestuhl, sondern schreibt (zusammen mit Curt J. Braun) auch das Drehbuch. Käutners winzige Apothekerhandschrift füllt, wie immer, mit besonderer Ausführlichkeit die linken Seiten des Scripts – dort, wo alles Sichtbare des Films aufgezeichnet wird. Denn schon beim Schreiben beginnt er, der optische Mensch, mit den Augen der Kamera zu denken.

*Auf Wiedersehen, Franziska* erzählt die Geschichte eines

*Hans Söhnker und Marianne Hoppe in ›Auf Wiedersehen, Franziska!‹*
*(1941)*

Reporters, dessen Frau treu daheim wartet, während er in der Welt Sensationen nachjagt. Als er endlich zurückkehrt, um bei Weib und Kind zu bleiben, erhält er seine Einberufung zu einer Propagandakompanie an die Front. Da heißt es für ihn: Auf Wiedersehen, Franziska!

Hans Söhnker skizziert später in seinen Lebenserinnerungen... *und kein Tag zuviel:* »Helmut Käutner hatte ein großartiges Buch mit hautnahen Dialogen geschrieben. Eine der Textstellen war allerdings entschieden zu ehrlich, um durch die Nazi-Zensur zu gehen. Wir drehten die Szene trotzdem. Nur so für uns. Um die Seele zu lüften. Es war der Augenblick, wo ich den Einberufungsbefehl erhalte

47

und daraufhin sage: ,Ich will keinen Krieg! Ich bin kein Propagandist! Ich will nicht wieder weg!' Obwohl diese im damaligen Sprachgebrauch ,defätistische' Passage nachher wegfallen mußte, wurde der Film doch derart aufrichtig und menschlich, daß er selbst im besetzten und im neutralen Ausland großen Beifall fand. Auch die Musik von Michael Jary war bald in aller Ohr. *Man geht so leicht am großen Glück vorbei* hieß das musikalische Leitmotiv.«

Neben dem nonchalanten Hans Söhnker stehen in dem Melodrama Fritz Odemar (für viele Frauen der Traummann schlechthin), Margot Hielscher (die Lebensgefährtin Odemars), die blonde Marianne Hoppe, der mehrfache Staatsschauspieler Rudolf Fernau und Hermann (»Mekki«) Speelmans vor der Kamera von Jan Roth.

*Auf Wiedersehen, Franziska* erhält das Prädikat »künstlerisch wertvoll« und flimmert erstmals am 24. April 1941 in München über die Leinwand. Hans Söhnker als rasender Wochenschaureporter und Marianne Hoppe als liebreizend wartende Franziska treffen spontan in die Herzen der Zuschauer. Es ist ein Stück bitterer Alltag. Millionen Männer sind fern der Heimat, Hitler ist in Jugoslawien, Frankreich, Holland, Dänemark und anderswo eingefallen, die Versorgungslage daheim ist kritisch. Unübersehbar zieht der Krieg allerorten tiefe Spuren.

Hans Söhnker reflektiert seine damaligen Empfindungen anläßlich der schwedischen Premiere von *Auf Wiedersehen, Franziska:* »Man hatte mich nach Stockholm eingeladen. Selbstverständlich nahm ich die Chance wahr, mitten im Krieg einen Abstecher in ein neutrales Land zu machen. Bei meinem ersten Stockholm-Bummel hatte ich das Gefühl zu träumen. In Deutschland war längst Schmalhans Küchenmeister, hier jedoch quollen die Schaufenster von Konserven, Südfrüchten, Süßigkeiten, Hummer und anderen Delikatessen förmlich über. Klar, daß einem da das Wasser im Munde zusammenlief.

In Stockholm nutzte ich auch die günstige Gelegenheit, um abends unerkannt in ein Kino zu gehen und mir einen englischen Propagandafilm mit Rex Harrison anzusehen. Wie verhaßt wir Deutsche bereits zu diesem Zeitpunkt im Ausland waren, merkte ich bei der Schlußszene des Films. Als Harrison seinen deutschen Gegner besiegte, begannen die Schweden begeistert zu applaudieren. Da habe ich meinen Mantelkragen hochgeschlagen und mich still aus dem Kino geschlichen.«

Auch Helmut Käutner erinnert sich an seine *Franziska*. In der *Saarbrücker Zeitung* vom 22. Februar 1975 zitiert ihn

*Hermann Speelmans (links) und Hans Söhnker in ›Auf Wiedersehen, Franziska!‹ (1941)*

Henning Harmssen: »Aus dem Propagandaministerium erhielt ich die Auflage, eine Szene von ungefähr sieben bis acht Minuten nachzudrehen und in den Film einzubauen. Es ging dabei darum, daß die Frau des Reporters ihrem Mann mit aller Deutlichkeit zu verstehen gibt, daß er nun, da er in den Krieg zu ziehen hat, endlich etwas Sinnvolles leistet – für Deutschland. Um mir selbst eine private Reserve zu verschaffen, habe ich die Szene, von der voraufgehenden und der nachfolgenden Einstellung deutlich abgehoben, so in den Film eingebaut, daß ich sie jederzeit mit einer einfachen Schere entfernen konnte, ohne den entscheidenden Übergang im Film zu stören oder zu zerreißen. Prompt ergaben sich Schwierigkeiten nach 1945. Als wir von alliierten Kontrolloffizieren geprüft und vernommen wurden, bekam ich zu hören, man wisse zwar, daß ich alles andere als ein Nazi gewesen sei, aber es gäbe einen meiner Filme, eben *Auf Wiedersehen, Franziska,* der eindeutig nazistische Tendenzen aufweise. Ich ahnte sofort, worum es ging und legte die Schlußrolle des Films in den Projektor, zunächst die ursprüngliche Fassung mit der Auflagenszene. Hierauf habe ich die bewußte Szene mit einer Schere entfernt und die Filmrolle noch einmal vorgeführt: Jeder merkte, daß die auf höhere Weisung nachgedrehte Szene absichtlich wie aufgesetzt in den Film montiert worden war.«

Jung-Regisseur Käutner geht die ideologische Einmischung des Propagandaministeriums wider den Strich. Dennoch: Er, der so gern den anderen aufs Maul schaut und selbst kein Blatt vor den Mund nimmt, begibt sich mit seinem fünften Spielfilmwerk wieder auf neutralen, sprich unpolitischen, Boden. Freilich im Vorfeld nicht ganz ohne Schwierigkeiten.

Die 101-Minuten-Handlung – Dienstmädchen gerät durch die Schuld ihrer Chefin und den Leichtsinn des Liebhabers derselben unter Diebstahlsverdacht. Doch

*Hilde Krahl und Gerhard Bienert in ›Anuschka‹ (1942)*

Ende gut, alles gut: die Ehe der Chefin wird gerettet, die Ehre des Dienstmädchens wiederhergestellt – ist ursprünglich als moderne sozialkritische Komödie gedacht. Die braunen Kulturwächter aber legen ihr Veto ein: einer deutschen Angestellten könne das nicht passieren; sie genieße schließlich den Schutz der Arbeitsfront ...

Drehbuchautor Axel Eggebrecht, vieles gewohnt, schreckt das kaum. Gemeinsam mit Helmut Käutner verlegt er die Handlung um ein paar Jahrzehnte in die Jahrhundertwende zurück und den Ort des Geschehens nach Wien und in die Slowakei.

51

*Siegfried Breuer in ›Anuschka‹ (1942)*

Gedreht werden soll *Anuschka,* so der Titel des »Bavaria«-Streifens, in München-Geiselgasteig, doch da ist kein Studio frei. Helmut Käutner siedelt mit seinen Hauptdarstellern Hilde Krahl, Elise Aulinger, Beppo Schwaiger, Siegfried Breuer, Friel Czepa, Rolf Wanka, Fritz Odemar und Kameramann Erich Claunigk und dem restlichen Stab nach Wien, Prag und schließlich Rom um.

Der Klimawechsel bekommt dem illustren Film-Team offensichtlich gut. Selten (und in dieser Zeit sonst schon gar nicht) verlaufen Dreharbeiten so locker.

»Die Schauspieler«, erinnert sich der Regisseur, »waren alle etwas lebendiger als sonst, weil sie außerhalb ihrer festgelegten Schablone spielen durften.«

Vor allem eine sprüht Funken: Hilde Krahl, die bezopfte »Anuschka«. Die 24jährige (als Hilde Kolacny in Jugoslawien geboren, in Wien aufgewachsen und Ex-Musikstudentin) hatte sich gerade zwei Jahre zuvor neben Heinrich George und Siegfried Breuer im *Postmeister* in die vorderste Linie der deutschen Schauspieler-Garde geschoben. Käutner und die Krahl, die ihren Regisseur unübersehbar bewundert, in einem Film, das ist schon was!

So rekapituliert denn auch Will Tremper, Journalist und selbst Filmemacher, im Dezember 1968 in einer Serie der *Bild-Zeitung:* »Ganz Kinodeutschland war ergriffen von dieser Hilde Krahl, und die Fachwelt ernannte Helmut Käutner endgültig zum hoffnungsvollsten unter den neuen deutschen Regisseuren.«

Helmut Käutner, der Hoffnungsvolle, stürzt sich in sein nächstes Filmabenteuer. Wieder zimmert er – nach einem Lustspiel von Manfred Rößner und Motiven von Erich Ebermayr – filigran das Drehbuch, wieder dichtet er – zu eingängigen Songs von Peter Igelhoff und Adolf Steimel – intelligente Texte (*Mein Herz hat heut' Premiere, Wann wirst du wieder bei mir sein* und andere), wieder führt er – vor der Kamera von Jan Roth stehen Ilse Werner, Victor de Kowa, Grethe Weiser, Georg Thomalla – mit leiser Stimme gekonnt Regie. Käutner, der Vielseitige. Der Fleißige.

Kein anderer arbeitet so unglaublich intensiv, konzentriert und engagiert wie er. Und so autoritär. »Aber wir fügen uns gern«, sagen die, die er dirigiert, »weil wir überzeugt sind, daß er es richtig macht.«

Was er aus dem Thema – Musikschülerin liebt Komponisten der ernsten Musik, der aber erst mit der leichten Muse Erfolg hat – macht, lobt Henning Harmssen am 20. Juni 1975 in der *Züricher Zeitung* neben dem acht Jahre zuvor von Erich Waschnek inszenierten Film *Musik im Blut* als die wohl beste musikalische Filmkomödie, die je in Deutschland zustande kam. »Ein Film mit der beiläufigen

Unangestrengtheit eines Musicals à la Hollywood, mit der ironisch zugespitzten Dialogeleganz einer *sophisticated comedy* à la Lubitsch oder Capra und damit praktisch ein dreister Affront gegen den grobklotzig deutschtümelnden NS-Jargon.«

Kurzum Käutners musikalische Komödie *Wir machen Musik* ist ein Film mit Pfiff. Im wahrsten Sinne des Wortes. Denn seine erfrischende Hauptdarstellerin Ilse Werner, Konsultochter aus Batavia, singt und pfeift derart gekonnt die Igelhoff'schen Melodien, daß den Premierengästen am 8. Oktober 1942 in Berlin die Ohren klingeln. Dermaßen nachhaltig, daß die Werner-Schlager bald in aller Munde sind. Doch wer – außer ihr – kann schon so pfeifen!

Mit dem beliebten Victor de Kowa (seit 1941 mit der japanischen Sängerin und Schauspielerin Michi Tanaka verheiratet), dem begabten Situationskomiker Kurt Seifert, der trotz seiner Wiege in Essen berlinert wie ein geborener Spree-Athener, dem munteren Georg Thomalla und der schlagfertigen wie warmherzigen »göttlichen Jette« Grethe Weiser hat Helmut Käutner zudem vier weitere pfiffige Akteure in Szene gesetzt. *Wir machen Musik* ist so etwas wie sein Gesellenstück als Filmemacher.

Das Meisterstück folgt auf dem Fuß und spielt im Paris des 19. Jahrhunderts. Helmut Käutner schreibt das Drehbuch mit Willy Clever nach einer Novelle von Guy de Maupassant. Die Geschichte ist ein klassisches Dreiecksverhältnis: Die junge Madeleine lebt mit ihrem Mann in einer bürgerlich-unbeweglichen Ehe. Vor einem Juweliergeschäft träumt sie von Reichtum – von einer Perlenkette, die unerschwinglich für sie ist. Ein erfolgsverwöhnter Komponist erfüllt der Unbekannten den Wunsch. Er schenkt dem bezaubernden Geschöpf, das ihn unvermittelt zu einer »Romanze in Dur« angeregt hat, das Geschmeide. Madeleine wird seine Geliebte; doch es fällt schwer, ihren Mann zu betrügen. Sie leidet unter der Lüge, mit der sie sich glückliche Stunden in den Armen eines anderen erkauft. Als eines Tages der Chef ihres Mannes zufällig hinter ihr Verhältnis kommt und sie erpreßt, auch seine Geliebte zu werden, sieht Madeleine keinen Ausweg mehr: sie nimmt Gift. Ihr Mann bringt jene Kette, von der er glaubt, sie sei von geringem Wert, zum Pfandhaus. Hier erst erfährt er, welche Kostbarkeit seine Frau besaß. Ein Duell beendet das Melodrama. Aus der »Romanze in Dur« wird eine *Romanze in Moll* (so auch der Filmtitel).

*Ilse Werner und Victor de Kowa in ›Wir machen Musik‹ (1942)*

Die Besetzung ist klein, aber schlagkräftig: Paul Dahlke, der spießbürgerliche Ehemann, Marianne Hoppe, seine junge, verzweifelte Frau, Ferdinand Marian, der elegante Verführer. Helmut Käutner (»Ich bin ein großer Anhänger der Nuance und halte sie, die kleinen Dinge und das Detail, für genauso wichtig wie die großen Dinge.«) führt mit sicherer, detailverliebter Hand. Zum Beispiel in dieser Szene: Madeleine – die Hoppe – liegt tot im Bett. Ihr Mann – Paul Dahlke – betritt das Zimmer, merkt nichts. Helmut Käutner unterbricht: »Am Fenster die Gardine muß wie im Wind leicht wehen.« Aber wie? Der Regisseur selbst weiß Rat. Die »Tote« bekommt einen Faden um die Finger gewickelt und zieht – unsichtbar für den Zuschauer – daran. Die Gardine gerät in Bewegung. Weht, wie er sich's wünscht. So reiht sich Szene an Szene. Jede für sich ein kleines Kunstwerk.

Was Helmut Käutner da im Frühjahr 1943 – nach Stalingrad und schon unter Bombendrohungen –, angelegt im poetischen Realismus, der in den dreißiger Jahren in Frankreich gepflegt wurde, dreht, rühmt noch über drei Jahrzehnte später Wilfried Wiegand in der *Frankfurter Allgemeine*: »Mit *Romanze in Moll* gelang ihm ein Werk, das dem vorexistentialistischen Lebensgefühl jener Epoche bleibenden Ausdruck gab.«

Der Eindruck ist für die Nazi-Prüfstellen 1943 ein ganz anderer. Eine Heldin, die sich verführen läßt, ja sogar umbringt? So etwas ist in »braunen« Augen nicht realistisch, sondern »ehe- und sittenzerstörend«. Goebbels verbietet den »defätistischen« Film und gibt ihn nur fürs Ausland und einige Frontkinos frei. Die keineswegs ent-, sondern begeisterten Soldaten geben den Ausschlag: Der Film, der im Ausland wie eine Sensation einschlägt und die Schweden – immerhin 1943! – veranlaßt, Helmut Käutner einen Kritikerpreis zuzusprechen, darf nach zahlreichen Protestbriefen doch in den Kinos gezeigt werden. »*Roman-*

*Nicole Berger, Helmut Käutner und Maximilian Schell (v. l. n. r.) in ›Ein Mädchen aus Flandern‹ (1956)*

ze in Moll, einer der Lieblingsstreifen Käutners, ist ein Film«, schreibt Will Tremper 25 Jahre später,« der den steten Geschmackswandel der Zeiten überdauert hat. Man kann ihn heute noch sehen, und im Museum of Modern Arts wird er noch regelmäßig gezeigt.«

Dem akribischen wie rheinländisch-geselligen Helmut Käutner gebührt nicht nur das Lob, einen bedeutenden Film gedreht zu haben, sondern auch – eigentlich als einziger Regisseur – Marianne Hoppe adäquat eingesetzt zu haben. Sie zeigt als bürgerliche Gattin in *Romanze in Moll* neben dem ausgezeichneten Paul Dahlke und dem exzellenten Ferdinand Marian ihre wohl stärkste schauspielerische Leistung.

Leistung verlangt nun auch Josef Goebbels von Helmut Käutner. Leistung im »staatspolitischen« Sinn. Das neue As unter den deutschen Filmschöpfern, das sich bislang geschickt um politisch-heroische Themen herumgedrückt hat, soll einen antibritschen U-Boot-Film inszenieren. Eloquent macht Käutner Goebbels klar, daß er, der Ex-Kabarettist, kein Marinefachmann ist. »Mein Gebiet«, erklärt er dem Film-Allgewaltigen von eigenen Gnaden überzeugend, »ist die Satire, die Kleinmalerei, nicht das Heroische.«

Dennoch basiert seine nächste Arbeit auf einer Grundidee des Propagandaministeriums. Die Berliner »Terra« erhält den Auftrag, »einen Film um das deutsche Volkslied« zu produzieren. Käutner wäre nicht Käutner, würde er daraus nicht eine humorig-melancholische Hommage im Reeperbahn-Milieu zimmern.

Seine darstellenden Mitstreiter in diesem, seinem ersten, Farbfilm *Große Freiheit* (so der Exposé-Titel) sind Hans Albers, Ilse Werner, Hans Söhnker, Gustav Knuth, Günther Lüders und Hilde Hildebrand. Das Drehbuch schreibt der fabulierfreudige Käutner zusammen mit Richard Nicolas: Im Hamburger Hafen hat der Viermaster *Padua* angelegt. Vollmatrose Jens (Günther Lüders), Schiffskoch Fiete (Gustav Knuth) und Leichtmatrose Karl (Helmut Käutner selbst) zieht es auf die »Große Freiheit«, die Hauptstraße des Vergnügungsviertels von St. Pauli, und zu ihrem ungekrönten König, dem Hannes (Hans Albers). Früher fuhr er mit den dreien zu See, jetzt aber ist er Stimmungssänger im »Hippodrom« und mit seiner Chefin Anita (Hilde Hildebrand) liiert; er nimmt es aber nicht so ernst mit der Treue.

Die feuchtfröhliche Wiedersehensfeier der vier wird jäh unterbrochen, weil Hannes an das Sterbebett seines Bruders Jan gerufen wird. Jan, ein Taugenichts, der schuld daran hat, daß Hannes nie sein Steuermannpatent hat

58

*Marianne Hoppe und Paul Dahlke in ›Romanze in Moll‹ (1943)*

machen können, bittet Hannes darum, sich um das Mädchen Gisa (Ilse Werner) zu kümmern, das er einst schmäh-
lich hat sitzenlassen. Der gutmütige Hannes holt das Mädchen zu sich und verliebt sich schließlich in sie. Doch aus
der geplanten Verlobung wird nichts. Während Hannes aus
dem »Hippodrom« aussteigt und sich eine Barkasse kauft,
finden Gisa und Willem zueinander. Mit Hilfe seiner
Freunde wird Hannes wieder Seemann und sagt der
»Großen Freiheit« ade.

Eine Geschichte mit Happy-End. Auch ein Film mit Happy-End. Trotz der Schwierigkeiten, die zuhauf auftreten. Die erste gibt es – beinahe – schon bei der Besetzung. Helmut Käutner will den jungen Gustav Knuth engagieren. Und macht sogleich die Erfahrung, »daß nicht alle Intendanten ihre Schauspieler gern für den Film freigeben«. Gustaf Gründgens fragt ihn, ob er aus seinem »großartigen Danton unbedingt einen Rollkragen-Heini« machen wolle. Käutner will und bekommt seinen Gustav.

Die Dreharbeiten im Sommer 1943 entarten zu einem Wettlauf mit alliierten Bomben. Nur wenige Außenaufnahmen kommen an den Originalschauplätzen in den Kasten. Immer wieder lösen sich im Drehplan vorgesehene Häuser und Straßenzüge in Schutt und Asche auf.

Erinnert sich Hans Söhnker: »Als wir mit den Außenaufnahmen in St. Pauli begannen, waren von diesem weltberühmten Hamburger Stadtteil fast nur noch rauchende Trümmer übrig. Helmut Käutner und der Kameramann Werner Krien haben damals das Unmögliche möglich gemacht, denn sie zauberten dennoch die Illusion einer intakten Stadt auf die Filmleinwand.

Bei dem Film trafen sämtliche Glücksfälle zusammen, die man sich im Film nur wünschen kann: ein erstklassiges Drehbuch, ein wunderbarer Regisseur, ein großartiger Kameramann und ein Team famoser Kollegen. Unser Drehbuch enthielt eine Fülle köstlicher Episoden. Ich erinnere mich zum Beispiel an eine Szene, in welcher der gebürtige Düsseldorfer Helmut Käutner, der sich ja in alle seine Filme kleine Rollen hineinschrieb, einen Seemann aus Köln spielte. Seine Widersacher waren Gustav Knuth und Günther Lüders als echte Jungs von der Waterkant, die diesen Außenseiter vom Binnenland auf dem Kieker hatten. »Wo bist du denn her?« fragte Lüders, als Käutner seinen ersten rheinischen Satz losgelassen hatte. Darauf Käutner stolz: »Aus Köln!« Lüders wandte sich in gespielter Verwunderung an Knuth:»Köln – wo is'n dat? Haste davon mal gehört?«Gustav drehte sich aus seiner Koje raus, guckte Käutner groß an und sagte:»Köln? Weiß ich nich. Nie gehört!« –Wie diese Vollblutkomödianten das hinlegten, war einmalig!

Großartig auch unsere Damen: die junge Ilse Werner, ein ganz eigener Mädchentyp von herbem Reiz und eine große Begabung; die wunderbare Hilde Hildebrand mit ihrer eindrucksvollen Studie einer alternden Geliebten und Ethel Reschke als Flittchen von der Reeperbahn.

Hans Albers verfügte als Ur-Hamburger natürlich über besondere Beziehungen in seiner Vaterstadt. Großherzig ließ er unser Team daran teilhaben. Als ihn ein Reeder in den Freihafen inlud, schmuggelte er uns mit hinein. Das war ein Erlebnis, von dem wir im Geiste noch lange zehrten. Im Freihafen, wo nicht nur unsere eigene Marine ausgerüstet wurde, sondern auch nach wie vor neutrale Schiffe anlegten, gab es noch schlichtweg alles, wovon man sonst nur träumen konnte.«

Hans Albers, Hamburger Fleischer-Sohn, Publikums-liebling Nr. 1, viel bewundert ob seiner offenen Nazi-Feindlichkeit und berüchtigt wegen seiner charmanten Rauhbeinigkeit, macht sich auch sonst nützlich. Er besorgt sich bei Pfandleihern seiner Heimatstadt echte Seemanns-Klamotten und hilft Helmut Käutner nicht nur in schlaflosen Nächten mit viel Grog über die Runden, sondern auch mit einer Idee. Der will im Hafen drehen, aber entgegen einer Order des Propagandaministeriums keine Schiffe mit Hakenkreuzfahnen ins Bild bekommen. Der blonde Hans hat den rettenden Einfall: Die Kapitäne sollen einfach die Hamburger Fahne setzen. Dort, wo die Seeleute nicht mitspielen, hilft sich Käutner, der Listige, mit einem Trick: »In die Bildtotalen und Großaufnahmen mit Hafenhintergrund ließ ich künstlichen Nebel legen, so daß kein Hakenkreuz mehr sichtbar war.«

Nicht zu sehen ist auch der prachtvolle Haarschopf von Gustav Knuth. Er muß sich für seine Matrosen-Rolle eine Glatze rasieren lassen und wird von Hans Albers bewundert. »Mensch toll, diese Glatze. Das hätt' ich nie geschafft.« Darauf Knuth: »Das brauchste ja nicht, Hans, du hast ja schon eine.« Albers, der für diesen Film 460 000 Reichsmark einsackt, trägt nämlich Toupet . . .

Das Bombardement auf Hamburg wird immer schlimmer. Käutner zieht mit seinen Mimen nach Berlin. Dort, in Sakrow, nennt Hans Albers eine gemütliche Wohnung mit Seemanns-Flair sein eigen. Die Freude über den privaten Drehort währt nur drei Tage, dann legt eine britische Bombe die Zimmer in Trümmer. Das Film-Team geht ins Studio. In den Ufa-Ateliers in Tempelhof wird die »Große Freiheit« naturgetreu aufgebaut. Doch auch dieser Kulissenpracht ist nur eine kurze Lebensdauer beschieden. Eine Bombe zerstört die 60 Meter lange Dekoration. Helmut Käutner, vielgeplagt, aber unbeirrt, gibt nicht auf. In Prag wird die Szenerie erneut rekonstruiert. In der »Goldenen Stadt«, in die in den letzten Kriegsjahren viele Schauspieler flüchten, fällt die letzte Klappe der *Großen Freiheit*.

Helmut Käutner hat nicht nur (mit Richard Nicolas) pointensicher das Drehbuch geschrieben, mit Akribie Regie geführt und mit listiger Freude als Matrose Karl vor der Kamera von Werner Krien agiert, auch die frechen Liedertexte *Beim erstenmal* . . . und *La Paloma* – zwei echte Hits – stammen aus seiner Feder.

Die *Große Freiheit* wird zur Prüfung vorgelegt – und am 12. Dezember 1944 verboten. Schon der Titel läßt Goebbels die Zornesröte ins Gesicht schießen. Freiheit ist ein Wort, das man im »Dritten Reich« nicht gern hört. »Große Freiheit« könnte gefährliche Assoziationen aufkommen lassen. Käutners Werk wird in *Große Freiheit Nr. 7* umbenannt, »das große Symbolwort zum bloßen Straßennamen degradiert« (Will Tremper).

Goebbels tut noch ein übriges. Er läßt den Film dem Oberbefehlshaber der Kriegsmarine, Admiral Dönitz, vorführen. Der interveniert sofort. Erinnert sich Käutner: »Dönitz vertrat die Meinung, der Film verstoße gegen die See- und Weltgeltung Hamburgs, und im übrigen würden sich deutsche Seeleute nicht betrinken.« Und deutsche Frauen nicht auf den Strich gehen . . .

Die Reeperbahn-Hommage fällt der Schere der Zensoren zum Opfer und wird – notwendiger Devisen wegen – nur für's Ausland und nach seiner Premiere am 15. Dezember 1944 in Prag auch für die Frontkinos in Frankreich, Polen und der Tschechoslowakei freigegeben.

Verbittert schreibt Hans Albers im letzten Kriegsjahr aus Berlin an seine in Hamburg lebenden Schwestern: »Die *Große Freiheit* ist einer der schönsten und wertvollsten Filme geworden, die je gemacht wurden. Vielleicht muß er deshalb meinen Landsleuten zerstückelt gezeigt werden. Jedenfalls kann ich mir darum nicht in den Hintern beißen.«

Noch während des Krieges erhält Helmut Käutner den schwedischen Kritikerpreis und Ende 1945 – nach dem Passieren der alliierten Zensur – begeisterte Kritiken. Immerhin 1975 schreibt Hans Georg Puttnies in der *Frankfurter Allgemeine*: »Diese einfache Dreiecksgeschichte setzte Käutner in so realistische Szenen um, daß der Film trotz seiner äußeren Geschichtslosigkeit eine innere Historizität gewinnt. Die sparsame Harmonie des Spiels läßt ein Einverständnis der Darsteller erkennen, wie es so intensiv nur in den Notzeiten einer Gesellschaft zutage tritt. Käutner nahm sich schon 1944 die Freiheit, diesen Ausdruck nicht von der offiziellen Durchhaltedramatik erschlagen zu lassen. Sein Film überliefert uns ein erstes Zeugnis der Trümmerkultur. In diesem Vorgriff auf einen Neubeginn mußte das Werk des idealen Ensembles seinerzeit La Paloma gleichen, der weißen Taube, von der Hans Albers singt, daß ihr Auftauchen über dem Meer den Seeleuten das nahe Land verrät.«

Noch einmal vor dem endgültigen Zusammenbruch nimmt sich der besessene Filmemacher die Freiheit, einen Film zu drehen, der demonstrativ am politischen Klima und Kriegsgeschehen vorbeizielt, und dessen Helden nach der Maxime größter individueller Freiheit leben. Eine private Liebesgeschichte – eingebettet in eine zärtliche Darstellung der Landschaft –, die durch stimmungsvolle Lyrik besticht.

Ein schöner Sommermorgen irgendwo an der Spree. Ein junges, hübsches Mädchen beugt sich weit über das Geländer einer Brücke. Gebannt verfolgen die beiden Schiffer Willy und Hendrik, die ihren Schleppkahn in der Nähe festgemacht haben, die Szene. Da flattert plötzlich ein Zehnmarkschein ins Wasser. Für die beiden ein willkommener Anlaß, mit der Unbekannten anzubandeln.

So poesievoll beginnt Helmut Käutners letzter Film vor dem Kriegsende. Der Streifen, sein neunter, heißt *Unter den Brücken*. Drehbuch: Walter Ulbrich, Helmut Käutner. Kamera: Igor Oberberg. Musik: Bernhard Eichhorn. Hauptdarsteller: Hannelore Schroth, Carl Raddatz, Gustav Knuth. Handlung: Zwei Binnenschiffer verlieben sich in das gleiche Mädchen; nur einer erringt ihre Gunst, aber die drei bleiben Freunde.

92 Minuten friedvolle Idylle mitten im schlimmsten Schlamassel; von Käutner inszeniert, als existiere die Gegenwart nicht. Alliierte Bomben stürzen wie Hagelkörner auf Hamburg, Berlin und andere Städte. Im rauchgeschwärzten Dresden liegen 130 000 Menschen tot zwischen den Trümmern. Die Russen rücken näher und näher. Auf den Kriegsschauplätzen braut sich das grauenhafte, infernalische Finale zusammen.

Geordnete Dreharbeiten sind nirgendwo in Deutschland mehr möglich. Ab Mai 1944 kreuzt Helmut Käutner

*Erica Balqué begleitete ihren Mann durch gute und schlechte Zeiten*

mit seinem kleinen Filmteam auf dem Dieselkahn *Anna* durch sämtliche Gewässer Berlins und Umgebung. Er dreht auf der Spree, am Bahnhof Friedrichstraße, im Westhafen, auf dem Landwehrkanal, im Nordhafen, an der Glienicker Brücke, auf der märkischen Havel.

»Dort auf dem Lande«, erinnert sich Carl Raddatz, »haben wir den Bauern unsere Autogramme gegen Eier verkauft.« Die Lebensmittel im vorletzten Kriegsjahr sind knapp, und oft müssen die Dreharbeiten unterbrochen werden: Fliegeralarm. »Trotzdem«, sagt Raddatz, »konnten wir zeitweilig einen tiefen Atemzug der friedlichen Ruhe schöpfen. Das Sommerwetter war unbeschreiblich schön. In den warmen Nächten sind wir einfach auf unserem Kahn geblieben, haben stundenlang in den Sternenhimmel geguckt oder Skipper Willy Hintzes Seemannsgarn zugehört.«

Und Gustav Knuth schwärmt in seinem Buch *Mit einem Lächeln im Knopfloch*: »*Unter den Brücken* war für meinen Geschmack der beste Film, den ich je gemacht habe. Das Dreigespann Raddatz – Schroth – Knuth hat eben gestimmt. Manchmal kommt es beim Film gar nicht so sehr auf das Können oder die Qualität der Schauspieler an wie darauf, daß die Besetzung einfach überzeugen muß. Aber wäre es auch ein so großer Film geworden ohne Helmut Käutner? Bestimmt nicht!«

Zweifellos ist *Unter den Brücken* mit seiner lyrischen Atmosphäre und der unpathetischen Menschlichkeit seiner Akteure ein Meisterwerk. Käutners Meisterwerk. »Dieser Film«, bekennt er, mit nachträglicher diebischer Freude, »war eine friedliche Dokumentation unserer eigenen Wünsche. Wir lebten verträumt neben der Zeit und lenkten uns durch die Arbeit von all dem Schrecklichen ab.« Gerade das aber nehmen ihm einige Kritiker übel, für die es »paradox« ist, »im Bombenhagel eine Idylle zu inszenieren.« Und eben darin ein irrationales Verhalten, das den nationalsozialistischen Herrschern gelegen war, sehen.

Die Binnenschiffer-Romanze, in der die junge Hildegard Knef als Serviererin ihren ersten, wenn auch kurzen Filmauftritt verzeichnet (eine frühere Mini-Rolle in dem Harald-Braun-Streifen *Träumerei* fällt der Schere zum

*Henning Harmssen, der Autor der Fernsehdokumentation ›Erlebte Film-geschichte – Helmut Käutner‹, trifft den Regisseur am Schauplatz des Films ›Unter den Brücken‹. Rechts Käutners Kameramann Igor Oberberg*

Opfer), passiert im März 1945 die Zensur, kommt aber nicht mehr in die Kinos. Die Russen stürmen und zerstören Berlin, demolieren die Filmstadt Babelsberg. Dennoch gelangt 1946 eine Kopie des Films nach Schweden und im September des gleichen Jahres nach Locarno. Die Kritiker überschlagen sich. *Unter den Brücken* wird von ausländischen Zeitungen als Gruß aus einem anderen, besseren Deutschland gepriesen. Unter der Überschrift *Eine deutsche Filmsensation* heißt es in einer Betrachtung der Züricher Zeitung *Die Tat*: »Helmut Käutners *Unter den Brücken* ist künstlerisch, stilistisch und geistig betrachtet die letzte Sensation des deutschen Films und eine der größten Filmsensationen der letzten Jahre in Europa überhaupt. Was

*Helmut Käutner (mit Hut) und sein Kameramann Igor Oberberg während einer Drehpause*

der deutsche Film während dreizehn Jahren Nationalsozialismus niemals voll erreichte, nämlich realistisch und
überzeugend zu wirken, ist ihm knapp vor Toresschluß wie
zufällig noch gelungen. Dieser Mann scheint ganz für sich
allein die filmischen Erkenntnisse mit dem Löffel gegessen
zu haben: er wagte es, mit drei Schauspielern, einem
Milieu, fast keiner Handlung und einem spärlichen Dialog
an einen abendfüllenden Spielfilm zu gehen und füllte den
Abend mit einer herrlichen Bildererzählung, die uns
endlich deutsches Leben ohne die geringste Verzerrung
und ohne eitlen Firnis nahebringt . . . «

Worauf beruhen diese Elogen? Was macht den Reiz dieses Filmes aus? Curd Riess gibt in seinem Buch *Das gibt's
nur einmal* eine treffende Erklärung: »Mit welch unendli-
cher Leichtigkeit, mit wieviel Poesie und welcher Zartheit

ist das inszeniert! Es ist alles so selbstverständlich. Die Geräusche allein schon bilden eine kleine Symphonie; das Singen des Schiffes, das Ächzen der Taue, das Knarren der Bohlen... Die Fotografie ist Poesie. Die Sonnenreflexe auf dem Wasser, die Nebel, die am Abend aufsteigen, die schweren Schatten, die bedrückenden schmalen Straßen der Stadt . . . Die drei Hauptdarsteller: Carl Raddatz, Gustav Knuth und Hannelore Schroth. Sie sind da. Sie agieren nicht. Sie sind einfach da. Sie weinen ein bißchen, sie lachen ein bißchen, sie schwimmen, sie kochen, sie schrubben, sie rauchen. Man riecht das Wasser. Man riecht das Schilf, den Tabak aus den Pfeifen der beiden, man riecht den kleinen weißen Spitz, der auch mit von der Partie ist... Der Film nennt sich: »Eine deutsche Romanze«. Er ist es wirklich – im besten Sinne des Wortes.

Erst 1950, am 18. Mai in Hamburg, findet die deutsche Premiere des Films statt, der für zwei seiner Hauptdarsteller ein, wenn auch nur kurzes, privates Happy-End hatte: Nach Drehschluß wurde aus Hannelore Schroth für einige Jahre Frau Raddatz. Trauzeugen: Helmut Käutner und Gustav Knuth.

Auch für den Regisseur Helmut Käutner, der seine Lust an der Pointe, am karikaturistischen Schnörkel und am witzigen Detail nur unschwer zügeln kann, enden sechs Jahre Filmschaffen unter nationalsozialistischer Herrschaft mit einem Happy-End. »Er war«, faßt Henning Harmssen Käutners Slalom durch die Nazi-Zeit zusammen, »zwar kein aktiver Widerständler, aber im Gegensatz zu vielen anderen gelang es ihm, die zwölf Jahre der Hitler-Diktatur mit Anstand zu überstehen.«

Gleichwohl erklärt Helmut Käutner Jahre später, daß ihm bis auf eine Ausnahme, *Unter den Brücken* nämlich, den er für seinen besten Film hält – seine Nachkriegsfilme weitaus wichtiger seien als das, was er von 1939 bis 1945 gedreht habe.

# Das Stehaufmännchen

*1945–1970: 27 Spielfilme, Theater, Fernsehen*

Der Krieg ist tot. Und die, die ihn überstanden haben, sind froh, wenigstens ihr Leben gerettet zu haben. Auch Helmut Käutner hat seine Berliner Wohnung und mit ihr sein gesamtes Hab und Gut verloren. Ist erschöpft, müde. Alles was er besitzt, sind sein Humor, eine Handvoll Inszenierungspläne, Drehbücher und Skizzen für Filme und Schauspiele. Nichts, womit man Butter oder Brot, Zigaretten oder Kohlen auf dem Schwarzmarkt eintauschen kann. Man hilft sich gegenseitig, so gut es geht. Kurd E. Heyne, Käutner-Freund seit gemeinsamen Kabarett-Tagen, schickt Lebensmittelpakete aus der Schweiz.

Helmut Käutner geht nach Hamburg, wo Ida Ehre Büh-Bühnen- und Filmleute um sich schart. Die gebürtige Österreicherin, 1933 von den Nazis aus »rassischen Gründen« mit Berufsverbot belegt, gründet am 10. Dezember 1945 im früheren Logenhaus auf der Rothenbaumchaussee die »Hamburger Kammerspiele«. Ida, rührselige Intendantin, Regisseurin und aktive Schauspielerin in einer Person, gibt Wolfgang Liebeneiner, Hilde Krahl, Hans Quest, Helmut Käutner, Eduard Marcks, Erich Lüder, Hermann Lenschau und anderen eine neue künstlerische Heimat. Helmut Käutner inszeniert bei ihr Thornton Wilders *Wir sind noch einmal davongekommen* und mit Axel von Ambesser *Das Abgründige in Herrn Gerstenberg*.

Doch er kann nicht davon lassen, was ihn die vergangenen Jahre gefesselt hat: er will schnell wieder Filme machen. Mit einem Berliner Konfektionär und einem ehemaligen Produktionsleiter gründet er in Hamburg die »Camera-Film GmbH«. Im Winter 46/47 sind die Vorarbeiten abgeschlossen: der erste Film kann in Szene gehen.

Die Idee hat Helmut Käutner aus den letzten Kriegswirren herübergerettet. Noch kurz vor dem Zusammenbruch hatte er, trotz seiner meist »defätistisch« eingestuften Filme UK-gestellt, auf einem deutschen Vorpostenboot (auf dem er Milieustudien betreiben soll) mit Ernst Schnabel, dem Kommandanten des Bootes, die Story ersonnen. Jetzt schreiben der Seemann und Dichter Schnabel und der berufsmäßige Filmemacher das Drehbuch. Titel: *In jenen Tagen.* Handlung: Ein abgewracktes Auto erzählt (mit der Stimme von Helmut Käutner) die Episoden von sieben Menschen, die einst – von 1933 bis 45 – seine Besitzer waren.

Da ist die Geschichte der jüdischen Geschäftsfrau Sybille, die mit ihrem arischen Mann ins Ausland geht . . .

Da ist die Geschichte der 13jährigen Angela, deren Mutter den geliebten Vater betrügt . . .

Da ist die Geschichte der Sally Bienert, deren Mann sich nach 30jähriger Ehe scheiden lassen will . . .

Da ist die Geschichte der Dorothea Wieland, die ihren geliebten Mann an ihre Schwester Ruth verliert . . .

Da ist die Geschichte zweier Landser, die in ihre Zukunft sehen . . .

Da ist die Geschichte zweier Menschen, die – schon im Würgegriff der Spitzel – fliehen wollen . . .

Da ist die Geschichte eines Mannes und einer Frau, die blinden Gehorsam über menschliches Fühlen stellen . . .

Sieben Geschichten von Menschen, die sich mit der Macht des totalitären Regimes konfrontiert sehen. Sieben Schicksale zwischen Bomben, Kriegswirren und Gefühlen.

1947, da es so gut wie nichts gibt, es sei denn »schwarz«, organisiert der Ex-Kabarettist einen fahrtüchtigen Opel, etliche Rollen Rohfilm (zum Teil von den britischen Besatzern, die keine Vorbehalte gegen ihn als Regisseur hegen) und ein sehenswertes Schauspieler-Ensemble: Die aparte Bettina Moissi, Erich Schellow, der 1939 als Mortimer in

*Werner Hinz in › In jenen Tagen‹ (1947)*

*Maria Stuart* debütierte, die in Prag geborene Winnie Markus, die ihre Rollen mit der starken Kraft ihrer Persönlichkeit ausfüllt, den Berliner Charakterdarsteller Werner Hinz, die vielseitige Ida Ehre, die Cellisten-Tochter Alice Treff, den soviel Aufrichtigkeit ausstrahlenden Carl Raddatz, Hans Nielsen, der gleich nach dem Zusammenbruch mit Günther Neumann in Berlin Kabarett macht, Erwin Geschonneck, der das KZ überlebte, Eva Gotthardt, Hermann Schomberg, Isa Vermehren, Margarethe Haagen, Hermann Speelmans, Willy Maertens, Franz Schafheitlin, Karl John und Käutner-Ehefrau Erica Balqué, einst Schauspielschülerin bei Lucie Höflich, dann am Leipziger Theater (wo Helmut Käutner sie kennenlernte) und bis 1935 gelegentliche Mitstreiterin bei den »Nachrichtern«.

Auch seinem Freund Hans Söhnker bietet Helmut Käutner eine Rolle an. Doch Söhnker, nach einem Hautleiden und wegen schwerster Erschöpfungszustände infolge Unterernährung lange im Krankenhaus, lehnt ab. »Helmut, schau mich an. So möchte ich nicht vor die Kamera treten.«

Diese Kamera bedient, wie schon in *Unter den Brücken,* Igor Oberberg. Auch Bernhard Eichhorn, der musikalische Leiter, ist wieder mit von der Partie. Und Rudolf Jugert (in einer der Episoden auch Schauspieler) als Regie-Assistent.

Noch gibt es im Nachkriegs-Deutschland keine intakten Ateliers. Käutner dreht im Freien, ohne Dekorationen, ohne Statisten, ohne Kostüme (die notwendigsten leiht er sich privat) und oft genug mit knurrendem Magen.

Trotzdem gelingt ihm, dem genialen Film-Verrückten, mit *In jenen Tagen* der große Wurf. Sein 111-Minuten-Opus, bei dem er im Gegensatz zu anderen sogenannten »Trümmerfilmen«, die sich mit der Nazizeit auseinandersetzen, das Hauptgewicht nicht auf die Anklage legt, sondern – mit sicherem Blick fürs Detail und warmer Sympathie – diese Zeit und ihre Stimmung beschreibt, hat am 13. Juni 1947 im »Waterloo« in Hamburg Premiere. Er ist kein »schwarzer Freitag«, dieser 13., aber zu einem Waterloo wird er trotzdem – finanziell.

*In jenen Tagen* ist für viele der beste Film Helmut Käutners; mit Sicherheit ist er einer der besten, die er nach dem Krieg inszeniert. »Die Kabarett-Vergangenheit hat unverkennbar seine Arbeitsweise geprägt – seine Empfindsamkeit für Situationswirkungen, seine Exaktheit in der Miniatur-Malerei und seine Vorliebe für das Detail, für die effektsichere Pointe und für das Requisit, das in Großaufnahme zum Symbol erhoben wird«, schreibt *Der Spiegel* Jahre später.

Ein Kassenfüller allerdings werden die sieben Episoden unbewältigter Vergangenheit nicht. »Sie wollen es nicht wissen«, stöhnen die Kinobesitzer, an deren leeren Kassen sich dokumentiert, daß es schon ein Problem ist, wenn ein begabter Intellektueller der Zeit den Spiegel vorhalten will. (Kurt Joachim Fischer 1958 in *Film und Frau).*

Im Januar 1948 macht ein Film von sich reden, an dem Helmut Käutner nur zum Teil beteiligt ist; am Drehbuch, das er zusammen mit Ellen Fechner und Rudolf Jugert dichtet. Aber was für ein Drehbuch! Die Komödie um Nachkriegsprobleme in Form einer Diskussion über die Gestaltung einer Filmhandlung hat es in sich. Der fertige Film auch.

Regisseur ist Käutners jahrelanger Weggenosse Rudolf Jugert; »Jugis« erste eigene Regiearbeit. Der Streifen heißt *Film ohne Titel* und weist eine traumhafte Besetzung auf: Hans Söhnker, Willy Fritsch, Fritz Odemar, Erich Ponto, Irene von Meyendorff, Carl Voscherau, Werner Fink und allen voran Hildegard Knef. »Hildchen«, die schon im ersten deutschen Nachkriegsfilm *Die Mörder sind unter uns* eine Hauptrolle ausfüllte, killt im *Film ohne Titel* viele ihrer arrivierten Kollegen; spielt sie einfach an die Wand.

Mit dem Rücken an der Wand steht im Herbst 1948 auch Helmut Käutner. Er gräbt für seine »Camera-Film GmbH« eine musikalische Komödie aus: *Der Apfel ist ab,* von ihm, Bobby Todd und Kurd E. Heyne einst für die »Nachrichter« geschrieben, aber nicht mehr zur Aufführung gelangt.

Eine psychologische, politische und »religiöse« Satire

*Helmut Käutner mit seinen langjährigen Freunden Kurd E. Heyne und Bobby Todd*

*Bobby Todd in ›Der Apfel ist ab‹ (1948)*

um einen Mann zwischen zwei Frauen, der im Traum Himmel, Paradies und Hölle zur Zeit Adams, Evas und der Schlange erlebt – und schließlich eine dritte Frau, eine »Synthese« der ersten beiden, wählt. Der Meister selbst spielt einen Professor und den Petrus, der privat so ernste und zurückhaltende Bobby Todd den Adam, Bettina Moissi, Joanna Maria Gorvin, Irene von Meyendorff, Arno Assmann, Margarethe Haagen, Willy Maertens, Carl Voscherau, Bum Krüger, Rudolf Vogel die übrigen Rollen.

Bach- und Vivaldi-Fan Käutner will mit seinem *Apfel* eine Variante des Kabaretts für den Film finden. Eine Form, die vom Publikum nicht begriffen wird, sondern es verwirrt. Das einzige, was sich auf die Kinosessel verirrt, ist Staub. Um so mehr beschäftigen sich – jetzt und später – die Kritiker mit dem symbolischen Traumspiel.

Schon vor der Premiere empört sich der Münchner Weihbischof Neuhäusler in einer Predigt über die »unglaubliche Kabarettisierung des biblischen Schöpfungs- und Sündenfallberichts mit einer Darstellung abscheulicher Perversitäten«. Der Berliner *Tagesspiegel* spricht von Pfeilen des entfesselten Witzes, die nach allen Richtungen abschwirren. *Der Spiegel* befindet: »Sein Film, eine Mischung von surrealistischem Mysterienspiel, von Kabarett und Komödie, war »ein Schlachtfeld von Einfällen«, wie Egon Vietta in der *Allgemeinen Zeitung* schrieb. Käutner selbst ritt auf dieser Walstatt seine Pointen zu Tode. Mit seiner kabarettistischen Geschichte vom Apfelsaft-Fabrikanten Adam Schmidt wollte Käutner sich über Dinge lustig machen, die das Kinopublikum damals (1948) noch gar nicht kannte – den Surrealismus und den Existentialismus.«

Und Kurt Joachim Fischer faßt 1958 zusammen: »Käutner, der bis 1945 voller Spannung lebte und es verstand, gegen die starken Kräfte des Propagandaministeriums durchzustehen, war der freien Entwicklung nicht gewachsen.

Die Tatsache, daß er überdies, als sein eigener Produzent, niemandem als sich selbst Rechenschaft schuldig war, führte dazu, daß er sich in eine Liberalität verlor, die mehr eine Direktionslosigkeit darstellte. Es erging Käutner nicht anders als Liebeneiner, der mit seinem ersten Nachkriegsfilm *Liebe 47* ebenfalls eine starke Leistung zeigte, um dann abzuflachen. Käutner verlor sich in eine spekulative Intellektualität.«

Fraglos ist Helmut Käutner ein Intellektueller. Manchen zu intelligent für dieses Genre. Er ist freundlich und leise. Lautes ist ihm zuwider. Lärm, Wagner und Arroganz gleichermaßen; und auch Menschen ohne Fantasie. Über sie verfügt er selbst in hohem Maße. In seinen kleinen blauen Augen (»blaue Knicker«, wie Käutner sie nennt) blitzt der Schalk, in seiner Seele ruht der Schelm. Und auch die erste Phase seiner Entwicklung, die Nachbarschaft des gallischen Esprits, ist nicht ohne Einfluß geblieben. Er versteht sich immer, andere ihn mehr als einmal falsch. »Man sagt oft«, gibt er einmal nach Mißerfolgen Aufschluß, »meine Sachen hätten keinen Stil. Sicher haben sie einen, nur versuche ich eben, den Stil nicht nur von außen her aufzupfropfen, sondern bei jedem Stück von innen her zu entwickeln.«

Wohin aber entwickelt er sich? Ist nicht nur der *Apfel,* sondern auch der Bart ab? Ist Helmut Käutner, gerade 40-jährig, zu einer engagierten Stellungnahme nicht mehr fähig? Fast scheint es, denn auch die folgenden vier Machwerke – *Königskinder, Epilog, Weiße Schatten* und *Käpt'n Bay-Bay* – entpuppen sich als Fehlschläge.

20. Januar 1950: Premiere der *Königskinder* im Krefelder »Capitol«. Helmut Käutner und Jenny Jugo, seine kesse Hauptdarstellerin, stellen sich dem Publikum. Es applaudiert höflich. Die Kritiker der Liebeskomödie tun's nicht. Am ärgsten grollt Gunter Groll in der *Süddeutschen Zeitung:* »Es ist keine Operette im engeren Sinne, es wird nur

wenig getanzt und gesungen, doch immerhin: die Schlesien-Flüchtlinge sind hier lauter Fürstlichkeiten, und die Heldin ist eine »Prinzessin von Brandenburg«, und ihr Verlobter ist allen Ernstes ein »Prinz von Thessalien«, und die fürstlichen Flüchtlinge residieren in einem dekorativ verfallenen Erbschloß zwischen adelsstolzen Hofdamen – bis dann eines Tages die Prinzessin nicht dem Prinzen von Thessalien, sondern dem lustigen Vagabunden in die Arme sinkte. Das alles vor dem Hintergrund des Jahres 1945, mit Volkssturm und Tieffliegern und schließlich mit MP und Jeeps und verhafteten Landräten und Sperrstunde

*Helmut Käutner (links) und Drehbuchautor R. A. Stemmle gehen eine Szene ihres Films ›Epilog‹ (1950) durch*

*Jenny Jugo und Peter van Eyck in ›Königskinder‹ (1950)*

und Zigarettenwährung. Eine abstruse Idee, in deren Fußangeln sich Käutner verfängt – und was die Gestaltung betrifft: ein hilfloses Zappeln im Netz dieser unmöglichen Handlung, verpuffte Pointen einer unklaren Pseudo-Gesellschaftskritik, widerstrebende Stilelemente aus Schwank und Satire, kalte Konstruktion und glanzlose Bilder. Der Feudaltrümmerfilm.«

Die *Königskinder* mit dem baumlangen blonden Recken Peter van Eyck, der Offizierstochter Erika von Thellmann, dem bühnenerfahrenen Friedrich Schoenfelder, Jenny Jugo, Hedwig Wangel und Walter Kottenkamp werden an den Kinokassen zu »Bettelkindern«.

1950, als das volkstümliche *Schwarzwaldmädel* mit Rudolf Prack und Sonja Ziemann die Kassen klingeln läßt (und später einmal 16 Millionen Besucher zählt!), sind

Heimatfilme gefragt, keine Trümmerfilme. Doch Helmut Käutner ist kein Regisseur für Lieschen Müller. Und gibt zu: »Die *Königskinder* wurden der kompletteste wirtschaftliche Mißerfolg meiner Laufbahn.«

29. September 1950: Uraufführung des Reißers *Epilog* im Hamburger »Residenz-Theater«; eine psychologische Studie um das Schicksal einer Gruppe von Menschen auf einer dem Untergang bestimmten Yacht. Die Darstellerliste ist außergewöhnlich klangvoll – Fritz Kortner, Paul Hörbiger, Carl Raddatz, Irene von Meyendorff, Hilde Hildebrand, Bettina Moissi, Arno Assmann, Hans Leibelt, Peter van Eyck –, die Kritik außergewöhnlich vernichtend: »Ein Film«, giftet *Der Kurier,* »von Käutner, neben R. A. Stemmle, entworfen und inszeniert; nicht inszeniert, sondern gemacht; kühl, kalt, eiskalt gemacht; nicht gekonnt, sondern gemacht; die hochgetriebene, die übertriebene Masche. Dieser Epilog ist Käutners; wäre das deutsche Publikum, insbesondere das Berliner Publikum, so kritisch, wie es einmal war, und wie zu sein es nötig ist, dann könnte dies das Schlußwort über Käutner werden. Eine Chance ist vertan, ist abermals vernutzt; eine Hoffnung des deutschen Films, fast die letzte nun, ging abermals auf wie ein Windei. Im Schauspielerischen gelingen Käutner noch Momente, die an seine inszenatorische Begabung erinnern, zumal ihm Menschengestalter von unbestrittenem und unbestreitbarem Rang halfen. So der großartige, von der Einsamkeit des gewaltigen und gewalttätigen Mannes erregend geprägte Fritz Kortner; so Paul Hörbiger mit einem Stückchen Dialog von Größe und Elend des Menschlichen wenigstens; so mit überzeugenden Lichtern Peter van Eyck und noch Carl Raddatz; so vor allem Bettina Moissi und Hilde Hildebrand in starken, betroffen machenden, aus eigener Menschlichkeit lebenden Verdichtungen des schauspielerischen Auftrags. Mit ihnen, oft nur im Umriß angedeutet, und oft blaß bis zur Farblosig-

*Fritz Kortner in ›Epilog‹ (1950)*

keit, einige Herren und Damen ohne sonderlichen Charakter, Arno Assmann, Gustav Püttjer, Rolf von Nauckhoff, Irene von Meyendorff, Jeannette Schultze. Zudem waren im Bild Horst Gaspar, Hans Leibelt, O. E. Hasse. Werner

Krien stand an der Kamera und hatte fleißig und gewissenhaft, in wenigen Einstellungen nur wirklich fesselnd, weniger aufregend als aufgeregt, fotografiert.«

28. September 1951: Uraufführung des Dornas-Films *Weiße Schatten* im Wiesbadener »Wallhalla«. Helmut Käutner, der mit Bettina Osten-Sacken das Drehbuch schreibt, muß das Bergdrama (zwei Menschen im Gewissenskonflikt zwischen Schuld und Sühne) mit Hilde Krahl, Hans Söhnker, Claude Farell, Franz Muxeneder in den österreichischen Alpen wegen Geldnot notdürftig zu Ende drehen. Dürftig fallen denn auch die Kritiken aus.

Der Regisseur, seiner eigenen Filmfirma längst wieder verlustig, wird zum Schrecken der Filmverleiher und Kinobesitzer. Mit seinen Filmen ist kein Staat und – für sie wichtiger noch – vor allem kein Geld zu machen.

Ein Vertreter der kritischen Zunft setzt den Glücklosen, der nur noch mit Wasser kocht, einem Kantinenwirt gleich: »Käutner versucht, mit seinen Nachkriegsfilmen Omeletts auf Blechen ohne Rand zu backen, und muß so lange mit dem Blech über dem offenen Feuer balancieren, bis der Teig fest wird, damit er nicht über den flachen Rand rinnt.«

Der sensible wie sture Regisseur, der unter dem Druck der Nazis so wunderbare Filmkunstwerke zauberte, wird aufs Eis gelegt. Ein Mann, der sein Geld nicht einspielt, ist kaum einen Pfifferling wert. Den Produzenten nicht einmal der.

Helmut Käutner, 42 und voller Schaffenskraft, grollt. Der krausköpfige Boleslaw Barlog holt den Schiffbrüchigen nach Berlin. Dort, am Steglitzer »Schloßpark-Theater«, inszeniert Käutner mit Fritz Kortner und Herbert Hübner Arthur Millers Drama *Der Tod eines Handlungsreisenden* und in der Folgezeit Tennessee Williams (*Der steinerne Engel*), Jean Anouilh (*Colombe*), Eugéne Scribe (*Ein Glas Wasser*), Peter Ustinow (*Liebe der vier Obersten*).

Und sonst? Käutner, der kaum etwas mehr haßt als Faulenzen, verlegt sich notgedrungen wieder aufs Schreiben. Motzt mißratene Drehbücher auf und verzichtet, gezwungenermaßen, auf die Erwähnung seines Namens im Vor-

*Hans Söhnker und Hilde Krahl in ›Weiße Schatten‹ (1951)*

spann der Filme. »Ich hatte eine gutgehende Schriftstell-macherei und habe in diesen Monaten anonym manche Schnulze gedichtet.«

Die Drehbuchschreiberei, die er beherrscht wie kaum ein anderer, bringt ihn kurzfristig wieder zu Ehren. Für *Nachts auf den Straßen* (von Rudolf Jugert mit Hans Albers, Hildegard Knef, Lucie Mannheim und Marius Go-ring in Szene gesetzt) heimst er den Bundesfilmpreis ein.

Aber der vielseitige Filmonike, in dem so viel schöpferi-sches Feuer lodert, will nicht (nur) schreiben. Er, der wie kein anderer versucht, dem deutschen Nachkriegsfilm ein eigenes Gesicht zu geben, will wieder ins Atelier, will sel-ber wieder Filme machen.

Hilfe kommt von zwei Freunden, Hans Albers und Heinz Pauck vermitteln ihm bei der »Meteor-Film GmbH« den ersehnten Regie-Auftrag: *Käpt'n Bay-Bay* mit Hans Albers, Bum Krüger, Robert Meyn, Rudolf Fernau, Fritz Benscher, Rudolf Schündler, Lotte Koch, Renate Mann-hardt und Angéle Durand.

Mit dabei ist auch Käutner-Ehefrau Erica Balqué, seit geraumer Zeit mehr an der Arbeit ihres Mannes als an der Schauspielerei interessiert. Sie findet das ganz natürlich, »schließlich geht das der Frau eines Bäckers, Gemüse-händlers oder Psychiaters genauso«.

Sonst eher zurückhaltend setzt sie ihren »Spleen« – so zärtlich-ironisch der Ehemann – durch, sich zur Regieassi-stentin auszubilden. Und das sieht so aus: Lehrling Balqué darf zwar dem Meister Käutner über die Schulter schauen, muß aber alle Unkosten für Reise und Hotel aus eigener Tasche bezahlen. Erste Amtshandlung in *Käpt'n Bay-Bay:* sie darf für Hans Albers den Kaffee aus der Kantine holen.

Der Startschuß für *Käpt'n Bay-Bay* fällt im November 1952. Gedreht wird auf Ischia, in Neapel und später in Hamburg-Blankenese. Hans Albers läßt seine himmel-blauen Augen über die »Neger«, die Tafeln mit seinem

Text, den er so schlecht behalten kann, schweifen und singt in seiner unnachahmlich schnoddrigen Art nach den Noten von Käutners zeitweiligem Kabarett-Mitstreiter Norbert Schultze maritime Texte von Fritz Grasshoff: *Kleine weiße Möwe, Blacky Blue, Käpt'n Bay-Bay aus Schanghai, Nimm uns mit, Kapitän . . .*

Die langatmige und aufwendige Schwarz-weiß-Komödie über die oftmalige Verzögerung einer Kapitänshochzeit kostet viel und bringt wenig. Am wenigsten Helmut Käutner. Kein Film-Produzent rückt auch nur eine müde Mark mehr für ihn heraus, und auch die Bundesbürgstelle für Filmkredite dreht ihm rigoros den Hahn ab. Der einst Vielgelobte und jetzt Vielgeschmähte inszeniert wieder beim vitalen Barlog in Berlin, kocht in einem kleinen versteckten Häuschen ohne Namensschild auf dem »Bavaria«-Gelände Geiselgasteig weiter ungare Drehbücher halbflügger Autoren auf.

Die Begegnung mit einem jungen Kameramann bringt die Wende. Der Mann mit dem Namen Ashley knüpft Käutner einen Kontakt zum rührigen Carl Skozoll, Produzent der Wiener »Cosmopol«-Filmgesellschaft. Skozoll hat Geld, nicht viel, aber er weiß, wo man billig Filme machen kann: in Jugoslawien. Auf dem Balkan will die »Cosmopol« in Co-Produktion mit der Belgrader »Ufus« einen Partisanenfilm drehen.

Helmut Käutner packt die Chance beim Schopf. Besichtigt Drehplätze in Jugoslawien, schreibt mit Norbert Kunze das Drehbuch. *Die letzte Brücke* will zeigen, daß es mitten im Kampf gegenseitiger Vernichtung noch etwas gibt, das stärker ist als die Bindung an ein Vaterland: die Bindung an den hilfsbedürftigen Menschen, die keine Fronten anerkennt. Endlich wieder ein echtes Käutner-Thema. Ein Sujet, das ihm liegt.

Eine deutsche Kinderärztin, in Jugoslawien in einem Feldlazarett eingesetzt, wird in ein Partisanenlager entführt. Nach etlichen (vergeblichen) Fluchtversuchen fügt sie sich in ihr Geschick, leistet die ärztliche Hilfe, die man von ihr verlangt, und erlebt nun den Krieg auf der anderen Seite mit. Da bricht im Lager Typhus aus, der Vorrat an Medikamenten ist erschöpft. Als die Partisanen vom Absprung eines britischen Fliegers hören, der Medikamente mit sich führt, wird die deutsche Ärztin in Begleitung einer Partisanin auf den gefährlichen Weg zur Behandlung des verwundeten Briten und zur Bergung der Medikamente geschickt. Die beiden erreichen den Verletzten in dem Augenblick, da das Dorf von den Deutschen besetzt wird. Einen Moment lang ist die junge Ärztin versucht, in die eigenen Reihen zurückzukehren, doch in Erinnerung der Kranken im Partisanenlager gibt sie diesen Entschluß wieder auf. Sie behandelt den Kranken und nimmt gemeinsam mit der sie begleitenden Jugoslawin die Medikamente an sich. Beim Versuch, die deutschen Linien zu durchbrechen, fällt ihre Gefährtin, die Ärztin wird von ihren Landsleuten erkannt. Vergeblich versucht sie, ihnen klarzumachen, daß ihre Pflicht als Ärztin sie noch einmal ins Lager der Partisanen ruft. Als sie die Brücke zurück überschreitet, setzt der Gegenangriff der Partisanen ein. Beide Truppen erkennen die Ärztin auf der Brücke und befehlen die Einstellung des Gefechts. Schwer verwundet bringt die deutsche Ärztin die Medikamente auf das Ufer der Partisanen und schreitet langsam über die Brücke zu ihren Landsleuten zurück. Auf der Mitte der Brücke bricht sie zusammen – das Gefecht wird fortgesetzt.

Am 7. September 1953 beginnt Helmut Käutner in den jugoslawischen Bergen um Mostar und Nereveta mit den Dreharbeiten. 60 Tage lang setzt er mit seinen Regie-Assistenten Horst Hächler, Dejan Kosanović und zum erstenmal Ehefrau Erica Balqué, eine Handvoll Schauspieler, die schon wer sind, aber erst durch seine geschickte Führung zur ersten Mimen-Garnitur aufsteigen, in Szene.

*Barbara Rütting (links) und Maria Schell in ›Die letzte Brücke‹ (1954)*

Da ist Maria Schell, die deutsche Ärztin. Die in Wien geborene und in der Schweiz aufgewachsene Schauspielerin
hat schon ihr Publikum. Zwei »Bambi«-Trophäen (1951
und 1952) beweisen den Stellenwert der oftmaligen Partnerin von O. W. Fischer. Doch erst *Die letzte Brücke* beschert
ihr international Anerkennung. In Cannes wird sie für ihre
Darstellung ehrenvoll erwähnt, in New York von einer Zeitung gelobt: Die Schell spielt so vollendet, »daß man ihre
Leistung kaum noch als Spiel bezeichnen kann«. Und *Die
Tat* gar jubelt: »Maria Schell als deutsche Ärztin ist ein

Erlebnis. Wie weit und tief die Ausdrucksmöglichkeiten dieses Gesichts und dieser Stimme reichen, trat niemals deutlicher als hier zutage, da jede Regung im Gang dieser Spanne zwischen Leben und Tod so ganz von innen losbricht.«

Da ist Bernhard Wicki, ein Partisan. Der Schweizer aus dem österreichischen St. Pölten besticht nach seiner Ausbildung in Berlin und Wien auf den Bühnen von Bremen, München, Zürich und Basel durch sein zurückhaltendes, differenziertes Spiel. Aufsehen erregt er erst in Käutners *Brücke.* »Es war der Anfang meiner Karriere als Schauspieler«, sagt er selbst.

Da ist Barbara Rütting, eine Partisanin: In Wietstock bei Berlin als Waltraud Irmgard Goltz geboren, flieht sie nach dem Tod ihres Vaters vor den Russen nach Skandinavien, arbeitete unter anderem als Bibliothekarin und Stenotypistin im Ausland und kommt erst spät, nach ihrer Rückkehr 1951 nach Berlin, zum Film.

Da ist Horst Hächler, ein Leutnant: Der Hamburger ist schon bei Käutners *Der Apfel ist ab,* den *Königskindern, Epilog* und *Weiße Schatten* dabei. Doch erst seine Rolle in *Die letzte Brücke* macht ihn beim Kinopublikum bewußt. Hächler, außer Schauspieler einer der drei Regie-Assistenten Käutners, verliebt sich bei den Dreharbeiten in Jugoslawien in Maria Schell, wird 1957 für acht Jahre ihr Ehemann.

Da ist Fritz Eckhardt, der Haslinger: Der gebürtige Linzer, Absolvent der Akademie für Kunst und Musik in Wien, arbeitet beim Kabarett und Theater. Die Nazis erteilen dem Juden Berufsverbot, sein Vater wird im KZ ermordet. Nach 1945 etabliert sich Eckhardt schnell als Schauspieler und erfolgreicher Autor.

Da ist Carl Möhner, ein Feldwebel: Der Typ des Allerweltskerls, Glückszahl 13, spricht einmal – um die karge Kasse aufzubessern – für fünfzehn Schilling den Mephisto

*Maria Schell und Bernhard Wicki in ›Die letzte Brücke‹ (1954)*

im Salzburger Marionettentheater. Vier Jahre als Soldat in Rußland, Schauspieler und Regisseur. Möhner über seine Partnerin Maria Schell: »Sie war wunderbar.«

Da ist (nur in einer Nebenrolle, aber in was für einer!) Tilla Durieux, eine alte Bäuerin: Wienerin kroatisch-französischer Herkunft. Nach dem Tod des Vaters entgegen der Familientradition Schauspielerin. Ungewöhnlich perfekt und ausdrucksstark. Auf den Bühnen der ganzen Welt zu Hause. 1943 stirbt ihr Mann im KZ. Auf der Flucht irrt Tilla Durieux monatelang durch serbische Wälder, wird beinahe als vermeintliche Spionin von Partisanen erschossen, schließt sich einer jugoslawischen Widerstandsbewegung an, lebt vom Erlös von Puppen, die sie für das kroatische Marionetten-Theater fertigt. Mit 63 Jahren steht die Schauspielerin zum erstenmal vor einer Film-Kamera. Bei Käutner spielt sie nur eine kleine Rolle. Ein Kritiker: »Da gibt es eine Bäuerin. Sie erfährt, daß das Mädchen eine Deutsche sei. »Schwabbet« sagt sie, ganz eilig, aus den Erinnerungen an die alte österreichische Zeit. Es sei zwar eine Deutsche, erklärt ihr die Studentin, aber sie arbeite für uns. Wieviel Rührung ist da in dem Gesicht der Alten. Rührung und Dankbarkeit; so ist's recht, gegen die Deutschen. Die Ärztin schweigt. Was soll sie hier richten? Da gleitet der Blick der Alten an ihr herunter. Die Wege über die Berge waren beschwerlich. Sie geht hinaus, holt ein Paar Schuhe. Sie weint. Es seien die Schuhe ihres Enkels, sagt sie zu dem Mädchen, der Militza; »er war ein guter Heckenschütze«. Die Deutsche zaudert. Sie weiß nicht recht, was sie tun soll. Da kommt die Alte, streckt die Arme vor, auf den Boden deutend, auf die wunden Füße, auf die Schuhe, auf die Schuhe des Enkels: ‚Ziech an, ziech an, soll dich schitzen, Mamatschka.‘ Diese Szene der Durieux gehört zum Besten der deutschen Schauspielkunst.«

Und da ist Helmut Käutner, der Drehbuchautor und Regisseur. Er, der schon Totgesagte für seine letzten Filme von den Kritikern arg gebeutelte und gerupfte und von den Produzenten schändlich im Stich gelassene Alleskönner steht nach *Der letzten Brücke* urplötzlich wieder im Rampenlicht.

*Die letzte Brücke,* die so etwas wie seine letzte Chance ist, die er gekonnt wahrnimmt, wird am 11. Februar in der »Filmbühne Wien«in Berlin uraufgeführt. Die Kritik gerät wieder zum Lob.

*Die Tat:* »Dieses hochdramatische Geschehen wird unter der Regie Käutners mit konsequentem Bekenntnis zur Dramatik und mit epischer Breite im Detail entwickelt. Das gänzlich Unerwartete, Neue aber ist der Verzicht auf den geschliffenen Dialog, die naive Schlichtheit der Ausführung, die Ungelenkheiten bestehen läßt und alles vermeidet, das auf gekonnten Effekt ausgeht. Darin also eine Fortsetzung des italienischen Neorealismus ... Die vorangegangenen Entwicklungsstufen dieses gefährlichen Begabten geben seinem neuen Niveau eine besondere Nachdrücklichkeit.«

Die *Neue Züricher:* »Käutner rückt immer konsequenter zum Dokumentaren vor. Er gehört zu den wenigen deutschen Regisseuren, die sich vom Erbübel handfester Verdeutlichung befreien wollen. Er kann auch in Nebensätzen Packendes sagen.«

Die *Süddeutsche Zeitung:* »Er ging nach Jugoslawien, um das Partisanenstück *Die letzte Brücke* zu drehen. Für die meisten aus der alten Ufa-Zeit schien dies wie ein künstlerischer Selbstmord, aber Käutner triumphierte über die Schwierigkeiten: Sein Film wurde ... eines der wenigen qualitativ überzeugenden Dokumente der Versöhnung und der Völkerverständigung.«

Und schließlich die *Frankfurter Rundschau:* »Vom Lob der Welt, das dieser Film in Cannes gefunden, hören wir mit einer Mischung von Stolz und Bedauern. Stolz, weil hier ein aktueller Stoff, der besonders uns betrifft, von

*O. W. Fischer und Ruth Leuwerik in ›Bildnis einer Unbekannten‹ (1954)*

einem deutschen Regisseur behandelt ist; Bedauern, weil er ihn unter österreichischer Flagge gedreht hat, nicht unter deutscher, die – so scheint es – vom Winde gar zu sehr in Richtung des Vorgestern geweht wird.«

Aus allen Himmelsrichtungen wehen Käutner Auszeichnungen und Preise ins Haus: Bundesfilmpreis 1954 – Filmband in Gold für die Regie. Internationaler Preis der Jury in Cannes, David O. Selznick-Preis in Berlin, Goldene Ente der polnischen Zeitschrift *Film*.

Er ist wieder wer. Erhält Regie-Angebote zuhauf; kann sie sich aussuchen. Doch Helmut Käutner ist vorsichtig geworden, will den frischen Kredit nicht gleich wieder verspielen, entscheidet sich für ein amüsant-karikierendes Di-

*O. W. Fischer in ›Ludwig II.‹ (1954)*

plomatenmilieu. Seine Hauptmimen, die ab April 1954 in
Madrid, Paris und Bayreuth für *Bildnis einer Unbekannten*
vor der Kamera von Werner Krien stehen, sind Ruth Leuwerik und O. W. Fischer; sie als die Gattin eines Diplomaten, er als ein Maler, der den Kopf der ihm unbekannten
Frau – flüchtig im Theater skizziert – als Kopfpartie eines
Aktbildes wählt. Dem anschließenden Gesellschaftsskan-
dal folgen Konflikte, Erpressungsversuche, Scheidung und
eine neue Liebe.

In Erinnerung bleibt wenig. Vielleicht O. W. Fischer;
bärtig, zerstreut, mit hochmütigem Charme. Vielleicht
Ruth Leuwerik; selbstsicher, liebliche Stimme, aber keine
Sängerin. Vielleicht Erich Schellow, dem der Sprung von

der Bühne auf die Leinwand glückt. Fazit jedoch: ein Film, den Helmut Käutner in die Schublade mit der Aufschrift »Durchschnitt« ablegen muß.

Der *Unbekannten* folgt Bekanntes: *Ludwig II.* »Das Schönste an den Dreharbeiten zu diesem Film war«, erinnert sich Drehbuchautor Georg Hurdalek, »daß alle, die damit zu tun hatten, ein bißchen zu spinnen anfingen.« Allen voran Helmut Käutner. Kühnen Perspektiven immer zugetan, will er im allerletzten Augenblick noch das gesamte Konzept des Films umkrempeln.

»Er hatte gerade *Citizen Kane* gesehen, der ja damals – 1954 – bei uns noch ganz unbekannt war – und nun wollte er unbedingt die von Orson Welles erfundene Erzählweise

*O. W. Fischer und Ruth Leuwerik in ›Ludwig II.‹ (1954)*

*Helmut Käutner während der Dreharbeiten zu ›Ludwig II.‹ (1954)*

für *Ludwig II.* übernehmen«, resümiert Hurdalek. »Der
Leichenzug für den toten König sollte zum Angelpunkt
werden, zu dem die Erzählung immer wieder zurückkehrt,
nachdem Ludwig als Staatsmann, als Liebhaber, als Bau-
meister, und so weiter betrachtet worden war. Doch für solchen Avantgardismus war es schon zu spät oder zu früh,
wenn man an die Erwartungen des Publikums denkt.«

So bekommen die Kinogänger ab Januar 1955 einen
konventionell-königlichen O. W. Fischer als Märchen-
Monarch aus Bayern serviert. Otto Wilhelm spielt den lust-

wandelnden, wehklagenden, musikvernarrten, versponne-
nen, traumatischen Rauschgold-Fantasten mit jener über-
höhten Leidenschaft, die in den fünfziger Jahren im deutschen Film gang und gäbe ist.

Fischer schreibt einige Szenen selbst. Er will Ludwigs
Frömmigkeit stärker in den Vordergrund schieben und
dichtet lange Gedichte. Helmut Käutner streicht diese Passagen. »Der König war ja wohl wirklich fromm, aber Ludwig II. auf du und du mit Jesus wäre nun wirklich zu
abstrus gewesen.«

Abstruses aber kann sich er, sonst Fantastereien freudig
aufgeschlossen, nicht leisten. Käutner muß den Wittelsba-
chern das Drehbuch zur Genehmigung vorlegen – Ein-
trittskarte des Filmteams zu den Schlössern Hohen-
schwangau, Neuschwanstein und Herrenchiemsee.

Die Darstellerliste liest sich wie ein Star-Album: O. W.
Fischer, der Ludwig II. Gestalt und Stimme gibt; Ruth
Leuwerik, die sich in Kaiserin Elisabeth verwandelt; Paul
Bildt, der Richard Wagner verkörpert; Friedrich Domin,
der den Fürst Bismarck spielt; Klaus Kinski, der sich als
Prinz Otto gebärdet; Marianne Koch, die verzweifelt als
Prinzessin Sophie liebt; Rudolf Fernau, der den Prinz Luit-
pold mimt; Rolf Kutschera als Graf Holnstein; Herbert
Hübner als Kabinettchef; und auch Käutner-Ehefrau Erica
Balqué und Horst Hächler sind wieder mit von der Partie.

Über zwei Monate zieht Helmut Käutner mit seinen
Stars durch weiß-blaue Gefilde, um die Königs-Giganto-
mie auf Eastmancolor zu bannen. Für O. W. Fischer wird
*Ludwig II.* zur Krönung seiner Laufbahn – gebührend ver-
ziert mit dem Bundesfilmpreis 1955, dem Filmband in
Gold. Helmut Käutner aber unterschlägt bei der Aufzäh-
lung seiner Arbeiten häufig diesen, seinen achtzehnten
Spielfilm. So, als wäre er froh, ihn unbeschadet über die
Runden gebracht zu haben.

Am 23. November 1954 beginnt der tüchtige Filmema-

*Helmut Käutner und Eva-Ingeborg Scholz während der Dreharbeiten von*
*›Des Teufels General‹ (1955)*

cher, nach seiner kurzfristigen Kaltstellung wieder emsig
wie eh und je, mit den Dreharbeiten des Zuckmayer-
Stücks *Des Teufels General.* Erst nach zähem Ringen hat
Walter Koppel, der Hamburger Produzent, die Verfil-
mungsrechte erhalten. Zuckmayer schildert die Gewis-
senskonflikte, in die der prominente Luftwaffengeneral
Harras während des Zweiten Weltkrieges gerät. Georg
Hurdalek und Helmut Käutner schreiben das Drehbuch.
»Zuck« gibt ihm in einem langen Brief seinen Segen.

Käutner dreht in den »Real-Film«-Studios in Hamburg-
Wandsbek und auf dem Flughafen Fuhlsbüttel. Aus dem
Ausland fliegen echte Stukas ein, werden neben originalge-
treuen Attrappen plaziert. Zwei Luftfahrtoberste zeichnen

*Curd Jürgens (links) und Victor de Kowa in ›Des Teufels General‹ (1955)*

für die technischen Details verantwortlich. Herbert Kirch-
hoff, Käutners Architekt und Ausstattungschef, wälzt
Buch um Buch. Kameramann Albert Benitz soll Unifor-

men, Standarten, die Innenräume des ehemaligen Reichs-luftfahrtministeriums, die SS-Zentrale in der Berliner Prinz-Albrecht-Straße, das fashionable Schlemmerlokal Horcher und anderes detailgetreu einfangen können.

Die Besetzungsliste ist illuster und lang; umfaßt 39 Namen. Curd Jürgens als General Harras, Victor de Kowa als sein Gegenspieler, SS-Gruppenführer Schmidt-Lausitz, Carl John als Oberstingenieur Oderbruch, Eva-Ingeborg Scholz als »Bütchen«, Marianne Koch als Schauspielerin Diddo Geiss, Camilla Spira als Opernsängerin Olivia Geiss, Erica Balqué (die ihrem Mann einmal mehr auch als durch ihre Ausstrahlung überzeugende Regie-Assistentin zur Seite steht) als Anne Eilers, Albert Lieven als Oberst Friedrich Eilers, Paul Westermeier als Fahrer von Harras, Harry Meyen, Carl-Ludwig Diehl, Bum Krüger, Beppo Brem, Werner Fütterer, Robert Meyn, Joseph Offenbach, Ingrid van Bergen, Gerd Vespermann, Friedrich Schütter usw.

Helmut Käutner, in einer Szene à la Hitchcock als Görings Schatten an einer Tür vorbeihuschend, führt mit gewohnter Hand. »Ich bemühe mich, meinen Schauspielern das Gefühl zu geben, daß ich ihnen restlos vertraue, und daß ich sie mag.« Er will nicht formen und prägen, sondern nachschaffen, interpretieren, seine Mimen zu ihrem eigenen Wesen hinführen. Immer exakt, manchmal kleinlich, vermag er sich auch schon mal bei ihnen zu entschuldigen.

Erinnert sich Curd Jürgens, sein Hauptstar in *Des Teufels General:* »Käutner kneift die Äuglein zusammen und schmunzelt, wenn er eine Szene erklärt. Er läßt die Zügel locker, schafft eine intensive Atmosphäre.«

Käutners Zuckmayer-Verfilmung, Prädikat »wertvoll«, läuft als offizieller deutscher Beitrag bei den Filmfestspielen in Venedig. Curd Jürgens streicht als bester männlicher Darsteller den »Volpi-Pokal« ein, Marianne Koch als »beste Darstellerin einer Nebenrolle« den Bundesfilmpreis 1955 (das Filmband in Gold).

*Karl John und Eva-Ingeborg Scholz in ›Des Teufels General‹ (1955)*

Und Film-Kritiker Groll, Käutner bei den *Königskindern* noch arg gram, zückt diesmal das Lobes-Kärtchen: »Es ist ein glänzend gemachter Film; ich fand ihn stärker als Zuckmayers Bühnenstück – und auch Zuckmayer selbst war, dem Vernehmen nach, dieser selbstlosen Meinung. Käutner und Mitautor Hurdalek machten aus dem Nazitrottel Schmidt-Lausitz einen ernsthaften Gegenspieler, einen See-Führer von kaltem Feuer. Das ist überzeugender. Den Bruch des Stückes, den Oderbruck-Komplex, überbrückten freilich auch sie nicht . . . doch dies . . . kompensierten sie durch eine staunenswerte Verschärfung des Stückes. Meist pflegt der Film seine Theatervorlage zu verwässern, Käutner hat sie gepfeffert. Am besten sind nicht

*Curd Jürgens (links) und Helmut Käutner während der Dreharbeiten zu ›Des Teufels General‹ (1955)*

die Szenen, die auf der Bühne am besten waren, sondern die neuen, die filmeigenen . . .«

In *Des Teufels General* würzt »Film-Koch« Käutner die Handlung, in *Himmel ohne Sterne,* seinem nächsten Opus, gibt er den Schauspielern »Pfeffer«. Mit seiner moralischen Fabel von der Zonengrenze schubst er einige junge Mimen auf die Rampe des Ruhms und verhilft ein paar schon Etablierten zu neuerlicher Anerkennung. Nur die Kassierer in den Kinohäuschen gehen leer aus. Sie drehen Däumchen. Dabei wird das Thema – menschliche Tragik, verursacht durch die tödliche Grenze zwischen dem Osten und dem Westen Deutschlands, abgehandelt am Beispiel von drei jungen Leuten – nach seiner Premiere im Oktober 1955

durchweg wohlwollend erachtet: »Ein nicht nur in Ansät-
zen bewegender Anklage-Film«, »überzeugend wahrhaf-
tig«, »zutiefst politisch«, »hervorragende Genauigkeit der
Typen.«

Die, die den »Typen« – mit Käutners Pfeffer – Gestalt geben, heimsen fleißig Lob (Gustav Knuth in einer frühen
Opa-Rolle, Georg Thomalla als Fernfahrer, Erik Schumann als West-Grenzbeamter) und Preise ein (Bundesfilmpreis 1956 – Filmband in Gold für Horst Buchholz und
Eva Kotthaus, die Nachwuchsdarsteller, sowie Erich Ponto
als Vater Kaminski, in einer Nebenrolle). Nur, wie so oft,
wird Gutes und Ausgezeichnetes nicht immer zum Kas-
senschlager. Käutners schwarz-weiße Menschenjagd-Sze-
nerie, ein kompromißlos deutlicher Film (Käutner: »Es

*Helmut Käutner erklärt eine Szene aus ›Des Teufels General‹ (1955)*

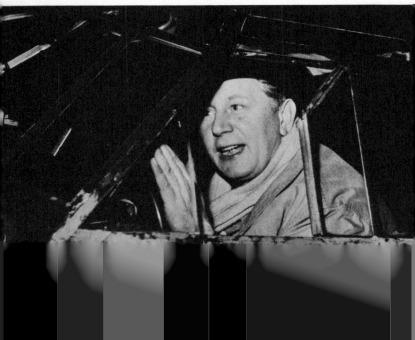

war wie ein Zwang. Ich mußte ihn einfach drehen!«) verschwindet schnell wieder in der Versenkung.

Nicht viel besser ergeht es dem nächsten. Auch *Ein Mädchen aus Flandern,* vom Ideengeber Carl Zuckmayer im Presseheft der »Prisma-Filmverleih GmbH« gelobt – »Was mir in diesem Film auf unwahrscheinliche Weise getroffen scheint: die Luft und die Tonart, nicht nur dieses flandrischen Genres vor dem Hintergrund furchtbar blutigen Geschehens, sondern dieses »Ersten Weltkriegs« überhaupt – von dem wir damals glaubten, es sei »der letzte« gewesen –, die Aura und die Wirklichkeit seiner Dinge und seiner Menschen, ihrer Verzweiflung und ihrer Hoffnung, ihrer Naivität und ihrer ahnungsvollen Melancholie, ihrer Sehnsucht und ihrer leise verschollenen Romantik. So lebt das alles, in den Bildern, Tönen, Akzenten, die Käutner gleichsam zwischen den Zeilen meiner Erzählung herausgelesen, hervorgeholt und verwirklicht hat.« Aber auch dieser Film gelingt Käutner nicht zum großen Wurf.

Dabei stimmt das Umfeld. Zuckmayer gehört zu seinen bevorzugten Autoren, das Drehbuch schreibt er zusammen mit Heinz Pauck, die Musik komponiert Bernhard Eichhorn, und hinter der Kamera steht der vormals in Ost-Berliner DEFA-Diensten mehrfach ausgezeichnete Friedel Behn-Grund *(Die Mörder unter uns).* Im Atelier in Berlin-Tempelhof und in Flandern agieren – von Helmut Käutner leise, aber bestimmt, oft nur mit einer Geste oder einem Tonfall korrigiert – der gerade 25jährige Maximilian Schell (dem kurz zuvor Hollywood-Regisseur Laszlo Benedek in *Kinder, Mütter und ein General* zum ersten Leinwanderfolg verhalf), die junge, schüchterne Französin Nicole Berger, Victor de Kowa, Friedrich Domin, Anneliese Römer, Erica Balqué, Fritz Tillmann und, in einer kleinen Rolle als bornierter Rittmeister Kupfer, Gert Fröbe.

Der verfilmte Zuckmayer-Stoff – während des Ersten Weltkrieges lernt ein deutscher Soldat in Flandern eine

*Victor de Kowa (links) und Maximilian Schell in ›Ein Mädchen aus Flan-dern‹ (1956)*

Waise kennen. Ihre Liebe überwindet alle Vorurteile und wird zum Symbol der Verständigung – hat im Februar 1956 in Hannover Premiere aber wenig Fortune.

»In seinem Streben«, schreibt *Der Spiegel* über diese Käutner-Phase vier Jahre später, »ein ‚möglichst einfaches Symbol‘ zu verwenden, setzt er sich allerdings, nach eigenem Eingeständnis, der Gefahr aus, daß er an ein billiges gerät. Dieses Ungemach droht fast allen Käutner-Filmen im Schlußbild, in dem er ‚den Filminhalt noch einmal in einer Art Schlußakkord zusammenfassen‘ will. Käutner läßt sich dabei zu vierschrötiger Überdeutlichkeit und nicht selten auch zu süßlicher Sentimentalität verleiten. In *Ein Mädchen in Flandern* fallen EK 1 und Waffenrock des deutschen Helden zusammen mit dem belgischen Siegesabzeichen symbolträchtig zu Boden. Und in seinem Zonengrenzfilm *Himmel ohne Steuer* stürzen zwei zähnefletschende Hunde, einer aus dem Osten, einer aus dem Westen, übereinander her. Genau auf der Grenze wird auch das Liebespaar, er aus dem Osten, sie aus dem Westen, niedergeschossen. Ihre Körper liegen, wohlausgerichtet wie eine Kompaßnadel, ‚im Niemandsland zwischen Asien und Amerika‘, und die Hände der sterbenden Braut krampfen sich noch um eine Blume. Käutners Kabarett-Vergangenheit hat sich auch übermächtig auf den Rhythmus ausgewirkt, mit dem bei ihm eine Filmhandlung

*Erich Ponto und Camilla Spira in ›Himmel ohne Sterne‹ (1955)*

abläuft. Als erklärter Gegner von ‚Bildausklängen‘ dreht er, wie es im Branchen-Jargon heißt, ‚auf Schnitt‘. ‚Wenn bei mir ein Mann eine Pointe sagt, kommt der Schnitt, er geht dann nicht erst noch durch ein Zimmer, steigt die Treppe hinunter und klettert in ein Auto.‘ Die Pointe ist bei Käutner zugleich Auftakt für das nächste Bild. Auf diese Weise gelingen ihm immer wieder Szenen, die wie ein knapper präziser Sketch in sich geschlossen sind und mit einem aktschlußwürdigen Effekt enden, was sich andererseits nachteilig auf die Entwicklung der Handlung auswirkt. Statt einer bildhaft erzählten Story bietet Käutner oftmals nur einen Bilderbogen von wohlgelungenen Momentaufnahmen, die er in schneller Folge vor dem Betrachter aufblättert.«

Das jedoch, was Helmut Käutner den Filmfans als nächstes auf die Kinoleinwand blättert, hat Weltformat. Die erste Klappe für den Farbfilm *Der Hauptmann von Köpenick* fällt am 9. März 1956 in Hamburg-Wandsbek. Mit einem Bein schon in Amerika, wo er bei der »Universal-Film« einen mehrjährigen Vertrag unterzeichnet hat (»Ich werde abwechselnd in Deutschland und in Amerika filmen. Von diesem Gastspiel verspreche ich mir eine Erweiterung meiner künstlerischen Möglichkeiten. Ich will versuchen, ein guter Regisseur zu bleiben – und ein guter für die Amerikaner zu werden.«), inszeniert Helmut Käutner mit gewohnter Zurückhaltung, hinter der soviel Intensität und hohes Maß an Können steckt, ein Jahrhundertwerk.

Der *Hauptmann von Köpenick* ist eine historische Figur. Das Ereignis, das den Pechvogel Wilhelm Voigt mit einem Schlag weltberühmt machte, fand am 16. Oktober 1906 tatsächlich statt. 25 Jahre nach den Geschehnissen schrieb Carl Zuckmayer das Theaterstück, für viele sein bestes. Gemeinsam erarbeiten »Zuck« und Käutner für den Film das Drehbuch; die Texte des Stückes übernehmen sie nahezu wörtlich.

*Das Ehepaar Käutner in einer Szene des Erfolgsfilms ›Der Hauptmann von Köpenick‹ (1956)*

Mit der Besetzung erwischt Helmut Käutner eine Sternstunde. Heinz Rühmanns Darstellung des Schusters Voigt, der sich für wenige Stunden in den Hauptmann von Köpenick verwandelt, wird zu einem künstlerischen Triumph. Schauen Sie sich das Gesicht an! Ein wenig verschmitzt um die Augen, leichte Melancholie in den zottigen Barthaaren – ein Mensch, der mit der Tücke des Schicksals kämpfen und die eigene Schüchternheit überwinden muß.

»Wenn seine kleinen Augen zwinkern«, notiert *Bild am Sonntag*, »schmunzeln wir. Wir brüllen nicht vor Lachen, wenn der falsche Hauptmann gen Köpenick marschiert.

*Folgende Doppelseite: Die vielen Gesichter des Heinz Rühmann – aus dem Klassiker ›Der Hauptmann von Köpenick‹ (1956)*

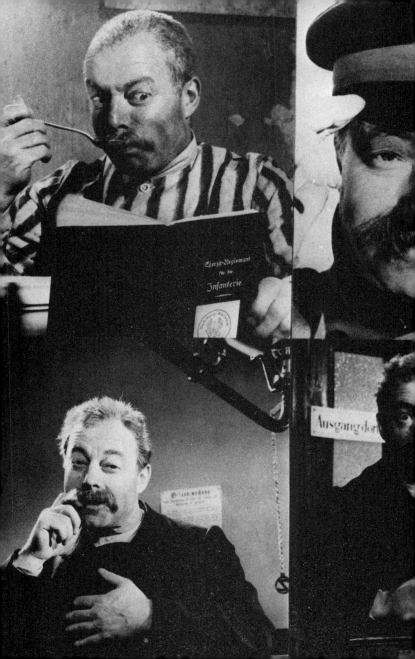

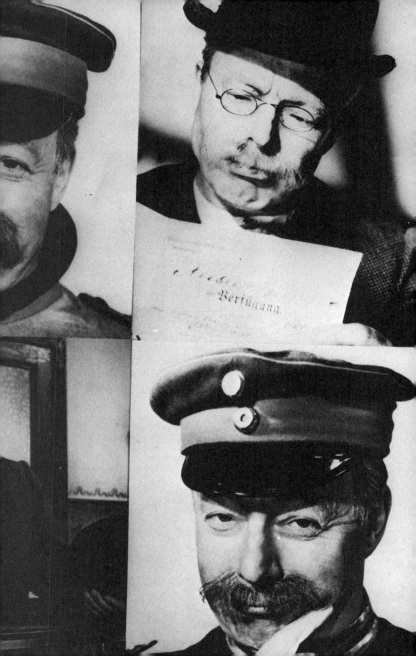

Wir lächeln – aber neben dieses Lächeln dringen, ganz verstohlen, Tränen.«

»Da ist Walter Giller. Er sagt kein einziges Wort, hockt als Willi Wormser, Sohn des Uniformschneiders Kommerzienrat Adolph Wormser, militärpessimistisch in Preußens Hauptstadt herum, liest Hauptmann-Kritiken im *Berliner Tageblatt,* stößt eine Kolonne Sektgläser beim Offiziersball um, krümmt seinen Rücken, weil ihm der ganze Krempel Bauchweh macht, und ist mit dieser Pantomime das kritische Schweigen im Zyklon der Prosts und der Kaiserparolen«, merkt Helmut de Haas in der *Welt* an.

Da ist Edith Hancke; lispelnd spielt sie das kranke Mädchen, berlinert noch rührender als sonst. Da sind Erich Schellow als der Armee absagender Hauptmann von Treptow; Bum Krüger, der Schutzmann; Otto Wernicke, der Schuhmachermeister; Ethel Reschke, die Pleureusenmieze; Georg Thomalla, der Bahnbeamte; Peter Ahrweiler, der Anstaltsgeistliche; Siegfried Lowitz, der Stadtkämmerer Rosenkranz; Joseph Offenbach, der Zuschneider Wabschke; Wolfgang Neuss, der Zuchthäusler Kallenberg.

Sie alle sind nur Statisten, kleine Mosaiksteine. Atmosphärische Figuren in einem großen Werk, in die sich, mit diebischer Freude, auch der Regisseur und seine Frau, seine unentbehrliche Assistentin, als bänkelsingende Straßenmusikanten einreihen.

In den Hauptparts glänzen Hannelore Schroth als Mathilde Obermüller, Martin Held als ihr Mann, der Bürgermeister, Erich Schellow als Hauptmann von Schlettow.

Allen zusammen jedoch setzt Heinz Rühmann seinen Stempel, das Glanzlicht, auf. »Wie er dem kranken Mädchen vorliest; wie er die Ausweisungsorder aufhebt, in die Tasche steckt, wie sein Gesicht sich verfinstert und die innere Wasserwaage dieses Films genau von Lächeln bis Melancholie hinfließt; wie der entlassene Zuchthäusler bei seiner Schwester auftaucht, verlegen, zerknickt, ausge-

stoßen, allein; wie er im Zuchthaus Plötzensee die Heeres-
dienstvorschrift studiert; wie er einen Kinderball über die
Zuchthausmauer zurückwirft; wie endlich er sich gestellt
hat und nach dem Verhör um einen Spiegel bittet . . . « begeistert nicht nur den *Welt*-Kritiker, sondern gleichermaßen die in ihren Plüschsesseln zwischen Schmunzeln,
Lachen und Weinen hin- und hergerissenen Kinogänger.

Die tragikomische 93-Minuten-Geschichte des Berliner
Schusters Wilhelm Voigt, der in einer alten Hauptmanns-
uniform den Bürgermeister von Köpenick verhaftet und
die Stadtkasse beschlagnahmt, läuft in ausverkauften Häu-
sern und heimst die Auszeichnungen gleich im Dutzend
ein: Bundesfilmpreis 1957 – Filmbänder in Gold für: Produktion »Bester Film«, Regie (Helmut Käutner), Drehbuch (Carl Zuckmayer und Käutner), Darsteller (Heinz
Rühmann), Bauten (Herbert Kirchhof, Albrecht Becker);
Preis der Deutschen Filmkritik 1956 für Regie (Käutner)
und Darstellung (Martin Held); Berliner Kritikerpreis für
Heinz Rühmann; den »Bambi« für den künsterlich wertvollsten deutschen Film (außerdem geschäftlich erfolg-
reichsten deutschen Film). *Der Hauptmann von Köpenick*
wird mit dem Prädikat »Besonders wertvoll« der Filmbe-
wertungsstelle Wiesbaden bedacht, ist für die Evangelische
Filmgilde »der beste Film des Monats September 1956«
und vielbeachteter Festspielbeitrag in Venedig, San
Francisco und Edinburgh. Was mehr kann man erreichen?

Helmut Käutner, das blonde Haar schon angegraut, das
volle, leichtgerötete Gesicht trotz knapper fünfzig Lenze
erstaunlich furchenarm, versucht's in Amerika. Im Sommer 1956 fliegt er nach Hollywood. Will seinen Vertrags-
verpflichtungen bei der »Universal« nachkommen. Schon
im Oktober kehrt er zurück. Mit leeren Händen, ohne
einen Meter belichtetes Filmmaterial. »Ich hatte etliche
Manuskripte und Ideen bereit, um sie dem Studio vorzule-
gen«, erklärt er in seinem leichten aber berlinerisch schnel-

*Helmut Käutner (rechts) und Heinz Rühmann während der Dreharbeiten zu*
*›Der Hauptmann von Köpenick‹ (1956)*

len Rhein-Ruhr-Akzent. »Darunter war vor allem eine moderne Filmversion von Shakespeares *Hamlet*. Die Schauplätze dieser Fassung sollten das Ruhrgebiet und Industriegebiete in Amerika sein. *Hamlet* ist in dieser Bearbeitung kein Prinz, sondern der Sohn eines Großindustriellen, und der Kampf um die Macht spielt sich in der Geldaristokratie ab. Ich hatte mir schon eine gewisse Besetzung zurechtgelegt, zum Beispiel Susan Strasberg oder Audrey Hepburn für die Ophelia und Marlon Brando oder Montgomery Clift für den Hamlet. Den Leuten von der »Universal« gefiel die Idee. Aber dann machte man mir begreiflich, daß es doch besser sei, wenn ich die Produktion dieses Großfilms, der zum Teil in Deutschland gedreht werden müßte, erst fürs nächste Jahr ins Auge fassen würde. Das Studio gab mir etliche Manuskripte zur Lektüre, und ich hielt schließlich ein Theaterstück, *Teach Me How to Cry,* für sehr interessant.«

Die Besetzung dieses Stücks im Jugendlichen-Milieu erweist sich als schwierig. Das Drehbuch kann nicht vor November fertig sein. Die Vorbereitungen für den Film nehmen auch noch Monate in Anspruch. So lange kann Helmut Käutner nicht warten. Er will unbedingt im Spätherbst und Winter *Die Zürcher Verlobung* inszenieren. »Ich habe mit der ‚Universal' die Abmachung getroffen, erst diesen Film fertigzustellen und erst Ende dieses oder Anfang des nächsten Jahres wieder nach Hollywood zurückzukehren.« *Die Zürcher Verlobung,* ein heiter turbulent-verspielter Roman von Barbara Noack, bietet Helmut Käutner die Gelegenheit, wieder einmal »den Komödianten spielen zu können«. Und gibt ihm, so ganz nebenbei, den Anlaß, ein paar Seitenhiebe gegen den deutschen Film der fünfziger Jahre auszuteilen.

In einer winzigen Szene leistet sich der Regisseur mit der unbändigen Lust an der Pointe, der sich wie Gruselmeister Alfred Hitchcock in seinen Filmen stets einen kurzen Auftritt gönnt, zudem noch ein besonderes Kabinettstückchen: In der Maske eines Reporters erklärt er dem einen Regisseur mimenden Bernhard Wicki: »Ich bin dagegen,

*Bernhard Wicki und Liselotte Pulver in ›Die Zürcher Verlobung‹ (1957)*

*Maria Sebaldt, Max Schmeling und Helmut Käutner während der Dreharbeiten zu ›Die Zürcher Verlobung‹ (1957)*

daß die Filmregisseure in ihren eigenen Filmen mitspielen!« Ein echter Käutner!

Er spielt gern in seinen Filmen mit. Und oft. Hitchcock aber gibt er Jahre später einen Korb. Der will ihm vorher das Drehbuch nicht zum Lesen geben. Dem Drehbuch aber gilt Käutners größtes Augenmerk. Wenn er, schnell und fabulierfreudig, zur Feder greift, nimmt mit dem Stoff schon im Drehbuch der komplette Film optisch Gestalt an. Vielleicht ist es das Erbe des (1923 verstorbenen) Großvaters, das ihn befähigt, mit Röntgenaugen im Detail zu sehen, was er später im Atelier sklavisch drehbuchgetreu in Szene setzt. Eine Gabe, die vor ihm auch schon der Grazer Carl Meyer (1894 – 1944) offenbarte, der ebenfalls in den Termini der Filmsprache dachte. Seine, in einem eruptiven, expressionistischen Stil abgefaßten Drehbücher *(Das Kabinett des Dr. Caligari* oder *Tartuffe* waren ebenfalls bereits präzise Regieentwürfe.

Das verwickelte Züricher Liebesabenteuer einer jungen Journalistin und Drehbuchautorin, mit Bernhard Wicki, Wolfgang Lukschy, der lausbübigen Liselotte Pulver (nach eigenem Befinden häufig, wenn auch meist vergeblich, in ihre männlichen Partner entflammt), Rudolf Platte, dem baumlangen Paul Hubschmid (nach 1945 unter dem Pseudonym Paul Christian einige Zeit in Hollywood tätig), Werner Fink, Maria Sebaldt und ein paar anderen inszeniert, gerät zu einem witzigen Film und einem guten Geschäft.

Das kann man von des Regisseurs nächstem Werk nicht uneingeschränkt sagen. *Monpti*, von Käutner nach der gleichnamigen Vorlage von Gabor von Vaszary drehbuchgerechtgebastelt, geht ab Mai 1957 in Paris und in den Studios von München-Geiselgasteig in Szene. Die Keuschheitslegende einer Siebzehnjährigen gedeiht zu einem dahinplätschernden Unterhaltungsspiel. Käutner blättert die bitter-süße Liebesgeschichte mit einem Felix-Krull-

*Romy Schneider und Horst Buchholz in ›Monpti‹ (1957)*

*Romy Schneider und Horst Buchholz in ›Monpti‹ (1957)*

*Oben: Helmut Käutner
und Liselotte Pulver
während der Dreharbeiten
zu ›Die Zürcher Ver-
lobung‹ (1957)*

*Links: Helmut Käutner
trinkt auf den Erfolg seines
Films ›Die Zürcher Ver-
lobung‹ (1957)*

entfernten Horst Buchholz, Kino-Deutschlands favorisier-
tem Nesthäkchen Romy Schneider (die von ihrer Mutter
an die Seine begleitet wird und immerhin zeigt, daß sie ein
junges, frisches Mädchen ist und nicht nur die lieblich, ver-
klärte »Sissi« sein kann), dem herrlich snobistischen Boy
Gobert, der Amerikanerin Olive Moorefield und seinem
alten Kabarett-Freund Bobby Todd auf.

Er selbst sitzt schnauzbärtig auf dem Caféhaus-Stühl-
chen eines Boulevards und kommentiert die traurige Geschichte der kleinen Pariser Näherin und des wilden wie
zarten ungarischen Knaben Monpti, der über den Dächern
des Saint-Germain-des-Prés Hunger leidet und sich vor
Liebe verzehrt. Dieser Film, schreibt ein Kritiker, zeichnet
sich vor allem dadurch aus, daß die deutsche Filmjungfrau
erstmals in schwarzen Dessous zu sehen ist.

Auch Helmut Käutner läßt bei einigen seiner Filme »die
Hosen runter«. Genialem folgt – mit der Elle des Käutner-
Maßstabs gemessen – manchmal Durchschnittliches, mitunter Mieses. Bei seiner fast fanatischen Produktivität fast
zwangsläufig.

Aber auch das muß man sagen: Viele Kritiker sind ihm
gelegentlich wohl nur deshalb so gram, weil er die von
ihnen in ihn gesetzte Hoffnung, einer der ganz Großen der
Regiekunst zu sein, nicht erfüllt und »nur« ein Großer ist.
Aber: Wieviel große Regisseure haben wir denn in
Deutschland? Sie lassen sich an einer Hand abzählen. Helmut Käutner ist einer von ihnen. In seinem Bestreben,
einen eigenen Stil zu präsentieren und seiner Begabung,
Schauspieler zu führen und mit der Kamera umzugehen,
ist er zweifellos der primus inter pares. Was mehr will man
von ihm erwarten?

Helmut Käutner verblüfft nicht nur immer wieder seine
Kritiker, seine Arbeitsweise, in ihrer Art typisch nur für
ihn, bringt oft auch seine Schauspieler ins Erstaunen.
Einer, Boy Gobert, beschreibt dies besonders trefflich.

»Nach ein paar mehr oder minder unwesentlichen Filmchen holte Helmut Käutner mich für seine Verfilmung von *Monpti* mit Romy Schneider und Horst Buchholz. Ich war sehr stolz über dieses Engagement. Denn der schönste Film, den ich bis dahin gesehen hatte – und der auch heute noch sehr stark in meiner Erinnerung ist – war Käutners *Romanze in Moll*. Und dann war die Enttäuschung groß: Käutner arbeitete überhaupt nicht mit mir, sondern kümmerte sich nur um die Optik seiner Kamera-Einstellung, seiner Dekorationen, der Details in Requisite und Kostüm. Ich war deprimiert, weil ich meinte, er fände mich nicht gut und hätte resigniert. Bernhard Wicki, der, damals schon berühmt, bei Käutner Regieassistenz machte, tröstete mich: Er kenne Käutner – ich würde schon sehen. Und ich sah! Ich, nein, der junge versnobte Mann, den ich dort spielen sollte, war durch ‚Drumherum‘ so genau ins Bild gesetzt, so liebevoll und fein charakterisiert, daß diese Figur nicht nur stimmig als Gegenspieler des jungen, einfachen Paares durch den Film ging, sondern mir dazu den entscheidenden Durchbruch im Film brachte.«

Diese Charakterisierung sagt mehr als alles andere über den Arbeitsstil Helmut Käutners, zeigt des Regisseurs Auffassung, seine Darsteller von ihnen selbst fast unbemerkt in Szene zu setzen, kurzum, seine Art Film zu machen.

Nach Abschluß der *Monpti*-Dreharbeiten legalisiert Helmut Käutner eine Idee, an der er gedanklich schon lange bastelt: Er gründet mit den gleichgesinnten Kollegen Wolfgang Staudte und Dr. Harald Braun in Hamburg die »Freie Filmproduktion GmbH«. Ziel des Unternehmens: Jeder der drei Gesellschafter soll, freilich ohne jegliches finanzielles Risiko, jährlich einen künstlerisch hochwertigen Film drehen.

Noch ehe der erste Startschuß fällt, jettet Helmut Käutner im Herbst 1957 mit Ehefrau Erica nach Amerika. Dort, in Hollywood, läßt er sich im Regiesessel der »Universal«-

Studios nieder. Erica Balqué läßt sich derweil in Los Angeles als Studentin für Literatur und Englisch immatrikulieren. »Da hat mir ganz schön der Kopf geraucht«, sagt sie, die als Mitarbeiterin ihres Mannes ihre Autorität durch Disziplin, Liebenswürdigkeit, Fleiß und ihren Erfolg als Schauspielerin gewinnt.

Käutners erster US-Streifen *The Restless Years* (Deutscher Titel: *Zu jung*) bringt weitgehend unbekannte Schauspieler auf die Kinoleinwand. Der Neu-Amerikaner aus Düsseldorf, im weißen Hemd mit Schlips und ärmelloser Weste darüber, zollt seinen beiden Hauptdarstellern, der blutjungen, goldblonden Sandra Dee (gerade erst 15) und dem ebenso gutgebauten wie ehrgeizigen John Syxon (auch er erst 22) großes Lob: »Selten habe ich mit jungen Menschen gearbeitet, die vor der Kamera so diszipliniert und konzentriert meinen Anweisungen gefolgt sind.«

*June Allyson (links) und Jeff Chandler in ›Ein Fremder in meinen Armen‹ (1959)*

Die Teenager-Liebesromanze im Stil eines psychologischen Kammerspiels im tratsch- und klatschbehafteten Kleinstadtmilieu des amerikanischen Mittelwestens läuft ab 31. Oktober 1958 auch in Deutschland. Kritik im *Hamburger Abendblatt*: »Es ist einer der amerikanischsten Filme der Mittelklasse . . . und genau das, was Käutner dem Vernehmen nach wollte, um sich – anders als andere Exportdeutsche – den richtigen Hollywoodstart und damit das künstlerische Wiedereinreisevisum zu verschaffen. »Zu jung« in Hollywood hat er auf die eigene Handschrift zunächst verzichtet (hat aber vor, sie später vorzuweisen), um die amerikanische genauestens zu kopieren. Der Film ist ein fast beängstigendes Beispiel gelungener Mimikry: in Amerika ist nicht nur alles, sondern auch Käutner anders.«

Käutners zweite Hollywood-Arbeit fällt sauber, aber gleichermaßen amerikanisch aus. Für *A Stranger In My Arms* (Deutscher Titel: *Ein Fremder in meinen Armen*) hat er mit June Allyson (als Ella Geisman in New Yorks ärmlicher Bronx geboren) und Jeff Chandler, der seine Karriere mit einem 200 Dollar-Fernkurs begann, zwei zugkräftige – in Amerika sehr populäre und in Deutschland immerhin nicht unbekannte – Stars zur Hand, zu denen er noch Mary Astor, Charles Coburn und wieder Backfisch Sandra Dee gesellt.

Doch Handlung – eine herrschsüchtige und verblendete Mutter erlebt, daß ihr in Korea gefallener Sohn kein Held war und ihre Schwiegertochter einen ehemaligen Kameraden ihres toten Sohnes heiratet – wie Spiel locken im Frühjahr 1959 nur wenige Kinogänger zwischen Flensburg und Bodensee hinter dem Ofen hervor.

Anfang 1958, also ein Jahr, bevor seine beiden US-Filme in Old-Germany fast unter Ausschluß der Öffentlichkeit laufen, sagt Helmut Käutner Amerika ade. Sein weiches Haar ist noch kürzer und grauer geworden. Im Gespräch entschlüpfen ihm gelegentlich Vokabeln aus Hollywoods

Experten-Slang. Er hat Amerika nicht erobert; dafür seinen Vertrag mit der »Universal« im »gegenseitigen Einverständnis« gelöst. »Ich habe«, erklärt er Journalisten, »um diese Lösung gebeten, weil Stoffe und Stilrichtungen der »Universal« nicht meinen Zukunftsplänen entsprechen.« Und: »Ich beherrsche jetzt das amerikanische Handwerk. Ich kann den Amerikanern zwei normale amerikanische Filme zeigen, und sie werden mir glauben, daß ich kein verrückter Europäer bin, der auf Teufel komm raus experimentieren will. Man hat drüben tolle Manschetten vor europäischen Regisseuren, weil man sie als extravagante und schwierige Individualisten fürchtet.«

Wertvoller als diese Meinung ist für Käutner jedoch die Erkenntnis, daß im Land der unbegrenzten Möglichkeiten nicht für jeden alles möglich ist. »Der gute, solide Durchschnittsregisseur hat viel weniger Entscheidungsfreiheit als bei uns.« Da geht es ihm, dem deutschen Star-Regisseur, der selbständiges Arbeiten liebt und fröhlich im Hamburger Nobelhotel »Atlantik« seinen 50. Geburtstag feiert, hierzulande doch bedeutend besser.

Mit vier Millionen, 83 Darstellern und 4000 Komparsen zieht der 100 000-Mark-Regisseur (plus sechs bis zwölf Prozent Gewinnbeteiligung) in die Rheinpfalz (vornehmlich den Hunsrück) und die Real-Film-Studios in Hamburg-Wandsbek, um Carl Zuckmayers 1927 entstandenen *Schinderhannes* in Eastmancolor auf Zelluloid zu bannen.

Helmut Käutner hat das erste Exposé bereits acht Jahre zuvor geschrieben. Aber »wie in der Literatur gibt es auch im Film Stoffe, die erst zu einer gewissen Zeit wirksam werden. Ich bin überzeugt, hätte ich den *Schinderhannes* sagen wir 1953 aufgegriffen, dann wäre er ganz einfach nicht angekommen. Damals standen wir alle noch zu sehr unter dem Eindruck des Zusammenbruchs 1945. Heute wird es jedem sensibleren Betrachter unserer Zeit trotz der einschläfernden Atmosphäre im wirtschaftswunderlichen

*Maria Schell in ›Der Schinderhannes‹ (1958)*

Deutschland immer mehr klar, daß wir in einer Zeit des Übergangs leben, in einer ähnlichen Übergangzeit, wie es damals die napoleonische Ära war. Als der Schinderhannes in Mainz hingerichtet wurde, war er 23 Jahre alt. Seine Genossen waren nicht viel älter, heute würden wir also die Bande als Halbstarke bezeichnen. Gerade dieser Gefahr wollte ich aber aus dem Wege gehen, da ich glaube, daß ich die Probleme des Schinderhannes nicht so deutlich hätte herauskristallisieren können, wenn ich auch noch die Problematik der Halbstarken mit hineingepackt hätte. Aus diesem Grund habe ich absichtlich nicht nur einen älteren Hauptdarsteller genommen, sondern auch die anderen Rollen der Bande mit Schauspielern wie Siegfried Lowitz (als Räuber Benzel, der seinen Anführer zuletzt verrät), Fritz Tillmann und anderen besetzt. Ich will aber auch keinen deutschen Robin-Hood-Film drehen, es geht mir ganz einfach darum, eine nachrevolutionäre Zeit und ihre Auswirkungen am Beispiel eines Mannes zu zeigen, der sich aus einer egoistischen, beinahe dumpfen Geisteshaltung zu einem Menschen wandelt, der die praktischen Konsequenzen aus einer Übergangszeit zieht, zu den falschen Mitteln greift und zuletzt scheitert«.

Seinen Darsteller des Hannes Bückler, genannt Schinderhannes, bringt Helmut Käutner aus Hollywood mit. Sozusagen jedenfalls. Beide trafen sich bei Dreharbeiten drüben. Käutner inszenierte *The Restless Years*, Curd Jürgens (»Als Käutner mir von seinem Vorhaben erzählte und erklärte, wie er diesen Stoff sieht, und wie er ihn umbauen will, da war ich ganz einfach begeistert davon und sagte ihm fest zu, den *Schinderhannes* zu spielen«) drehte das *Duell im Atlantik*. Aber da bestanden wohl schon Verträge, die Käutner dann einhalten mußte.

Zusammen mit Ehefrau Erica dirigiert Helmut Käutner seine 84 Mimen von Curd Jürgens bis Maria Schell (die ihrem Regisseur nach Abschluß der Dreharbeiten einen

*Maria Schell und Helmut Käutner während der Dreharbeiten zu ›Der Schinderhannes‹ (1958)*

Bischofsring aus dem 14. Jahrhundert verehrt), von Christian Wolff bis Fritz Tillmann, von Josef Offenbach bis Siegfried Lowitz, von Bobby Todd bis Eva Pflug in genüßlicher Epik zu einer pompösen Moritat von fast zwei Stunden (genau 115 Minuten) Länge.

Die erste Klappe fällt im September 1958 nahe des Hunsrück-Städtchens Kirn. Helmut Käutner schreitet gedan-

*Curd Jürgens (rechts) in ›Der Schinderhannes‹ (1958)*

kenverloren über eine sumpfige Bachwiese, auf der sich
eine Kompanie Bereitschaftspolizei zum szenengerechten
Frontalangriff formiert. »Es ist schon etwas merkwürdig«,
gesteht er, »daß ich jetzt einen besseren Räuberfilm drehe,
und damit meine Linie der zeitkritischen Filme verlasse
und ein auf den ersten Blick unverbindliches historisches
Thema aufgreife. Aber ich habe mir diesen Stoff genau
überlegt.«

Käutner wartet auf die nächste Einstellung. Das Vier-
Mann-Kamerateam unter Heinz Pehlke ist bereit, gebietet

Ruhe. Laut aufklatschend stürzt einer der historisch uniformierten Statisten ins trübe Wasser des vorüberplätschernden Rinnsals. »So zackig wäre das nun auch wieder nicht notwendig gewesen«, murrt Käutner.

Nächste Einstellung. Curd Jürgens, der Schinderhannes, kämpft mutig auf einer Barrikade vor Schloß Dhain gegen eine Attacke reitende Kavallerie. »Mit seinem grünen Jägerhut und dem braunen Lederwams«, notiert *Hör zu*-Reporter Peter Hornung, »hat er wenig Ähnlichkeit mit einem Räuber aus dem Hunsrück. Seine dekorative Pose erinnert vielmehr an den Schillerschen Wilhelm Tell, der um die Freiheit seiner schwyzerischen Heimat kämpft.«

Am Abend, nach Drehschluß, hockt Helmut Käutner häufig noch vor dem Schloß und läßt genüßlich die kleinen blauen Augen über die weiten Täler wandern. Fast entschuldigend murmelt er: »Ich muß einfach die Schönheit dieser Landschaft genießen.«

Curd Jürgens, der normannische Kleiderschrank (das »*Mais qui est cette immense armoire normande*« entschlüpfte Brigitte Bardot 1956 bei gemeinsamen Dreharbeiten zu *... und ewig lockt das Weib* aus dem roten Schmollmund), hat anderes zu tun. Er heiratet im benachbarten Cochem, in vierter Ehe, die 22jährige Französin Simone Bicheron aus Algier.

Zweimal schon hat Kunst-Narr Käutner (»aber modern muß sie sein«) bei der Verfilmung von Zuckmayer-Stoffen eine glückliche Hand bewiesen: Bei *Des Teufels General* und dem *Hauptmann von Köpenick*. Beim sagenumwobenen Räuberhauptmann Schinderhannes, scheints, gerät er mitunter selbst unter die Räuber.

»Er ist unpräzise«, beschreibt Georg Ramsegger den aufwendigen Film am 20. Dezember in der *Welt*. »Gut. Er ist – wenn ich so sagen darf – mit der heißen Kamera gemacht. Gut. Der Regisseur – er heißt in diesem Fall Helmut Käutner – war wohl nicht ganz bei der Sache. Gut. Oder er war zu sehr bei den großen Sachen: den Massenszenen, den Volksaufläufen. Gut. Wie immer auch, schließlich und endlich: der Film ist langweilig ... Der Schinderhannes darf keiner Fliege etwas zuleide tun. Rauhbeinig, aber anständig, stampft er durchs bläulich-grünliche Gelände, breit und haarbrüstig mit einem sehr neckischen Julchen an der Seite ... Schließlich hat die Dame doch einige Jahre hindurch in den damaligen Kneipen getingelt, ehe sie eines kreuzbraven, nur etwas heiserem Räubers Braut wurde. Nichts davon bei Maria Schell ... Einige Szenen und Gesichter haften ... in den Gewölben des Leyendecker geht es durch Offenbachs schauspielerische Kraft hinreichend packend zu ... Fritz Tillmann, Paul Esser und Siegfried Lowitz enttäuschen nie ... «

Ähnlich enttäuscht ist der Kritiker des *Hamburger Abendblatt*. Er sieht in Käutners *Schinderhannes* einen pompösen Unterhaltungsfilm, »der an den schönen Gleichklang von Masse und Klasse appelliert. Das muß es auch geben – und hier ist es also, das Gemälde. Es haut uns nicht gerade vom Polsterstuhl, denn gespielte Naivität ist zumeist keine ganz echte. Aber es hat, wo nicht im ganzen, so doch im einzelnen gewisse Meriten. In einzelnen recht gut gelungenen Szenen, Kraftakten und Überraschungseffekten, wie auch in diesen und jenen Figuren die der Zuckmayersche Pinsel mit Kennerschaft in die Landschaft hineingemalt hat«.

Im gemütlichen Bungalow in Berlins Grunewald bereitet Helmut Käutner seinen nächsten Film vor. Der große Flachbau auf einem 3000–Quadratmeter-Grundstück gegenüber der im Krieg zerstörten Ex-Wohnung in der Koenigsallee ist rustikal eingerichtet, das riesige Arbeitszimmer mit Unmengen von Büchern vollgepfropft. Kettenraucher Käutner hat ein Drehbuch hervorgekramt, das er der »Universal« in Hollywood vergeblich zu verkaufen versucht hatte: seine Version des *Hamlet*.

*Helmut Käutner (rechts) und der Komponist Hans Werner Henze*

»Ich erzähle«, formuliert er neugierigen Journalisten ins Stenogramm, »den Konflikt eines modernen, gebrochenen und gespaltenen Menschen, und da an diesem Menschen sich seit 500 Jahren nichts geändert hat, nehme ich eben die noch immer hochmoderne Figur Hamlet. Aber da ist nichts von ‚Hamlet im Frack‘, keine Spielerei für Gebildete, nicht das Augenzwinkern für Belesene: seht mal, was wir clevere Jungs da gebastelt haben … *Der Rest ist Schweigen* wird ein harter, kalter, moderner Film, und das König-

*Adelheid Seeck, Heinz Drache und Peter van Eyck (v. l. n. r.) in ›Der Rest ist Schweigen‹ (1959)*

reich Dänemark ist die internationale Schwerindustrie . . .
Der vergiftete Degen wird zur Lüge – es gibt schließlich
nicht nur körperlich Tote, sondern auch Erledigte.«

Die Drehplätze für das *Schweigen* findet Helmut Käutner in seiner Jugendzeit. Mit Peter van Eyck, Hardy Krüger, Ingrid Andree, Boy Gobert, Adelheid Seeck, Rudolf
Forster, Charles Regnier, Robert Meyn, Rainer Penkert,
Heinz Drache und einem Dutzend weiterer Schauspieler zieht er nach Düsseldorf und Oberhausen. Dreht auf
dem Gelände der Kruppwerke, der Gutehoffnungshütte
und später in den Ateliers von Hamburg-Wandsbek.

Seine Begabung, optisch zu denken, verführt ihn häufig
zu einer Arbeitsweise, bei der er praktisch sein eigener Kameramann ist. Der amerikanische Regisseur Joseph Losey
besucht während der Dreharbeiten zu *Der Rest ist Schwei-*

*gen* Hardy Krüger, den er für einen gemeinsamen Film verpflichten will. Suchend blickt Losey nach einer Weile in die Runde und fragt schließlich: »Wer ist denn hier der Regisseur?« Krüger deutet auf Käutner, der hinter einer Kamera hockt und verschiedene Bildeinstellungen probt. Da schüttelt Losey den Kopf: »Der? Ich dachte, das ist der Kameraschwenker.«

Boy Gobert, seit *Monpti* um Käutners der Theater-Arbeit so gegensätzlichen Art zu inszenieren wissend, vermag sich darüber kaum zu wundern, weiß er doch, daß dieser Stil nicht nur ihm zu preziösem Erfolg verhilft.

Sechs Monate später. Internationale Filmfestspiele in Berlin. Das *Schweigen* feiert lautstark Premiere. Die Kritiker, alles andere als schweigsam, wetzen die Federn. Spalten sich in zwei Fronten. Zwei von ihnen, von der *FAZ* und der *Welt* – befehden sich gar gegenseitig.

Käutners Lieblingsstoff, den er jahrelang – im Kopf wie auf dem Papier – und ebensolang vergeblich mit sich herumgetragen hat, wird regelrecht seziert. Auch *Der Spiegel* setzt sich 1959 seitenlang mit dem *Schweigen* (und Helmut Käutner im allgemeinen) auseinander. »Zweifellos qualifizieren in diesem Film viele bestechend inszenierte Passagen den 51jährigen Helmut Käutner als markantesten Regisseur, den die Film-Industrie in der Bundesrepublik vorzuweisen hat. 'Wenn der Film die Hoffnungen des Drehbuchs erfüllt', notierte vor der Premiere der Feuilletonist Wilhelm Ringelband, 'kann er Käutners Denkmal werden.' Nach der Uraufführung erwies sich, daß *Der Rest ist Schweigen* zwar als Monument untauglich ist, aber immerhin als Meilenstein gelten kann, an dem Käutner die Distanz zwischen sich und den übrigen deutschen Film-Regisseuren abzustecken vermag.«

Und die *Stuttgarter Zeitung* verkündet ihren Lesern am 2. Juli 1959: »Hardy Krüger, mit kurzem Haarschnitt und Brille, ist als leicht verklemmter Intellektueller flach und trocken, das jedoch mit Stil. Auch Peter van Eycks Mischung aus Biedermann und Seigneur prägt sich ein. Desgleichen Adelheid Seeck als große Dame mit einem Anflug dunkler Möglichkeiten. Angenehm wie immer berührt die Noblesse Rudolf Forsters in der Rolle des adeligen Hausarztes. Dessen Tochter findet bei Ingrid Andree die Poesie der labilen Empfindung. Als sein Sohn, verbitterter HJ-Veteran und Rußlandspätheimkehrer, beeindruckt Heinz Drache durch die Härte seiner Aggression...«

Dem *Schweigen*, über das so viel geredet und noch mehr geschrieben wird, folgt – in einer deutsch-französischen Gemeinschaftsproduktion – noch im gleichen Jahr eine satirische Episode aus dem Krieg von 1870/71. Das Drehbuch für *Die Gans von Sedan* fertigen Helmut Käutner und Jean L'Hote nach dessen Bestseller *Une Dimanche au champ d'honneur*.

Die Außenaufnahmen bei Paris geraten zu einem Krieg mit schnatterndem Federvieh – schließlich führt in der Spielhandlung die Jagd nach einer Gans im deutsch-französischen Feldzug zwei Soldaten verschiedener Coleur zusammen; zwei vertauschte Uniformen ermöglichen dann ein teils possenhaftes, gelegentlich liebenswürdig amüsantes Verwechslungsspiel.

Partner der dressierten Gans (die viele Doubles hat) sind der herrlich näselnde Franz Theodor Schmitz, besser bekannt – und beliebt – als Theo Lingen, der immer jungenhafte Hardy Krüger, Jean Richard, Dany Carrel, Françoise Rosay, Fritz Tillmann. Helmut Käutner läßt seine Mimen die Handlung agieren – und wenig reden. Die Dialoge, knapp und kurz, sind nur Staffage.

Dafür gibt es mehr über das nächste Opus zu sagen. Der passionierte Weintrinker Käutner schenkt *Ein Glas Wasser* im Juli 1960 aus. Das muntere Intrigenspiel am englischen Hof des Jahres 1710 stammt aus der Feder des Vielschreibers Eugene Scribe (500 Stücke, von der Oper bis zur Kurz-

*Jean Richard, Helmut Käutner und Hardy Krüger während der Dreharbeiten zu ›Die Gans von Sedan‹ (1959)*

*Jean Richard und Hardy Krüger in ›Die Gans von Sedan‹ (1959)*

*Liselotte Pulver (links) und Sabine Sinjen in ›Das Glas Wasser‹ (1961)*

Farce). Bereits Anfang der fünfziger Jahre hat Multi-Talent
Käutner die klassische Komödie – »Der Dialog ist fürs Ge-
genwart-Theater zu angestaubt« – bearbeitet. Mit der ihm
eigenen Gründlichkeit gerät die Änderung zur Neufassung
und, nach der Uraufführung 1954 mit O.E. Hasse und später Martin Held, zum Langzeitrenner auf vielen Bühnen;
das Stück wurde in etliche Sprachen übersetzt, auch im europäischen Ausland.

Bei Drehbeginn in den *Real-Film*-Studios in Hamburg-
Wandsbek hat der Meisterregisseur, der neben dem Dreh-

buch auch für die Liedertexte verantwortlich zeichnet, eine Überraschung parat: Nach neunzehn Jahren steht der große Gustaf Gründgens, schon in den dreißiger Jahren während seiner Generalintendanz in Berlin in der Rolle des eleganten, intriganten, charmanten, hinterlistigen Lord Bolingbroke, wieder vor der Kamera. Ihm zur Seite Mimen-Nachwuchs wie die 1956 als 14jährige mit *Die Frühreifen* debütierende Sabine Sinjen und der früh theaterbegeisterte Horst Janson sowie die großartige Hilde Krahl als Lady Churchill, Liselotte Pulver, der Gründgens an ihrem drehfreien Tag einen großen Blumenstrauß mit der kleinen Bemerkung »Filmen ohne Sie ist nicht so lustig« ins Hotel schickt, Rudolf Forster als Marquis de Torry, Hans Leibelt als Butler Thompson und Bobby Todd als Maitre de plaisir.

Am 25. März – Käutner-Geburtstags-Time – kredenzt eben dieser Bobby Todd seinem Freund und Regisseur ein Glas Wasser. »Was sonst soll ich ihm schenken? Er hat doch alles.«

52 ist das Geburtstagskind. Besessen von seiner Arbeit. Nicht immer einfach, manchmal unbequem. Aber »die Zusammenarbeit mit ihm ist für alle Beteiligten befruchtend«, ziehen die, die er dirigiert, positiv Fazit.

Fruchtbar ist auch sein *Glas Wasser.* »Hier brennt vorsätzlich kaltes Feuer«, lobt Friedrich Luft. »Gründgens wie prädestiniert ... Und Hilde Krahl, ausgerechnet als Gegenspielerin zu Gründgens einzusetzen, schien fast tollkühn. Es gelang. Die Krahl gab mit einem hoheitlichen Charme, mit einer souveränen Kühle Gründgens Kontra ...«

Prost auf den, der das *Glas Wasser* einschenkt. Prost, Helmut Käutner. Es ist der letzte Toast auf ihn als Spielfilm-Regisseur. Denn das, was er ab jetzt in Szene setzt, bringt ihm meist negative Presse. Da ist *Schwarzer Kies.* Drehbuch: Helmut Käutner, Walter Ulbrich. Kamera: Heinz Pehlke. Darsteller: Helmut Wildt, ein harter Typ mit ungewöhnlich männlicher Ausstrahlung, Ingmar Zeis-

berg (Frau Staudte), ein Gesicht, geprägt durch kühle Noblesse, Anita Höfer, die 18jährige Stuttgarterin in ihrer ersten Hauptrolle, Hans Cossy, Wolfgang Büttner, Heinrich Trimbur, Peter Nestler.

Helmut Käutner, dem die Geheimratsecken immer stärker ins graublonde Haar wachsen, dreht ab Spätherbst in der Pfalz und im Hunsrück. Zum erstenmal seit vielen Filmen ohne seine Assistentin, Mitarbeiterin und Ehefrau Erica Balqué.

*Links: Gustaf Gründgens in ›Das Glas Wasser‹ (1961)*

*Rechts: Helmut Käutner in ›Das Glas Wasser‹ (1961)*

Die 42jährige, zart, unauffällig, dabei aber zäh und willensstark, bereitet ihren ersten eigenen Film als Regisseurin vor. Der Auftrag für *Zu jung für die Liebe* kam über'n Gartenzaun, vom Grundstücksnachbar »Atze« Brauner, Chef der CCC. Das Thema – 17jähriger Schüler wird Vater des Kindes einer 16jährigen Wäscherin – ist wie geschaffen für eine Frau: Für Erica Balqué (»Das Drehbuch habe ich in einer Nacht durchgelesen!«), Schülerin von Helmut Käutner, die erste Frau, die nch dem Krieg in Deutschland

139

*Während der Dreharbeiten zu ›Schwarzer Kies‹ (1961)*

Regie in einem Film führt. »Im Prinzip«, sagt sie, »bin ich der Meinung, daß Filmregie eine Männersache ist. Die erforderliche Geistesgegenwart, die Verantwortung für das Geld, für den reibungslosen Ablauf der Dreharbeiten – das erfordert schon eine männliche Hand. Dennoch bin ich nicht der Ansicht, daß eine Frau das nicht auch kann; es kommt freilich wohl letzten Endes immer auf den Charakter des jeweiligen Filmstoffes an.«

Während sie Milieustudien in Halbwüchsigen-Lokalen betreibt, setzt Helmut Käutner seinen *Schwarzen Kies* in Szene – und für die Kritiker in den Sand.

Schon die Handlung ist auf Sand gebaut: Kleines Dorf im Hunsrück. Am Ortsrand bauen die Amerikaner neue

Pisten für ihre Düsenjäger. 6000 Soldaten bevölkern das 250-Seelen-Nest. Das Geschäft blüht. Kuhställe werden zu Bars umfunktioniert, Straßenkreuzer parken neben Misthaufen, leichte Mädchen reisen von weither an. Geld regiert, und wer keines hat, der beschafft sich's. Egal ob legal. Auch mit Basaltkies für die US-Air-Base läßt sich »Kohle« machen. Viel »Kohle«, wenn man ihn »schwarz« verkauft. Der Schwindel fliegt auf, Polizei rückt an, Unfall auf der Flucht, zwei Tote verschwinden im Kies, der Betrüger auch. Warum? Wer weiß? Egal. Der Gerechtigkeit ist Genüge getan. Happy-End.

Happy-End? Mitnichten! Die Kritik schimpft das Käutner-Opus einen »Hintertreppenwitz«. »Der ganze Film ist vom Regisseur her nicht gelebt, sondern gemimt: ein Kriminalfall mit zeitkritischen Anmerkungen zu tieferer Bedeutung gequält, ein (sehr wortreiches) Liebesdrama in die Moritat gedrängt, ein Dokument in eine Schauerballade verrührt.«

Damit nicht genug. Der Zentralrat der Juden in Deutschland stellt Strafantrag wegen Beleidigung gegen Helmut Käutner. In dem Film, moniert Generalsekretär Dr. Hendrik van Dam, werde ein Barbesitzer gezeigt, der offensichtlich ein Bordell unterhalte, und zu dem ein Gast sage: »Du Saujud!« Auf dem Arm dieses Bordellwirtes sei eine tätowierte Häftlingsnummer des Konzentrationslagers Auschwitz zu sehen. Das sei eine offene Verhöhnung der Opfer dieses KZ-Lagers. An anderer Stelle des Films sage eine in betrügerische Geldaktionen verwickelte Person: »Ich bin kein Ami. Ich bin noch nicht einmal ein Jud.«

Der Angegriffene kontert: »Mein neuer Film prangert in einigen Szenen den Neonazismus und den Antisemitismus an. Die Stellen sind eindeutig geschrieben und vom Publikum genauso aufgenommen worden. Bei der Vorführung herrschte ein wirkungsvolles tödliches Schweigen.

*In dem Film ›Zu jung für die Liebe‹ (1961) führte Helmut Käutners Ehefrau
Erica Balqué die Regie. In der Mitte der junge Hauptdarsteller Heinz Blau,
rechts Helmut Käutner*

Meine politische Einstellung ist bekannt und eindeutig.
Darum verwundert mich dieser Schritt des Zentralrates der
Juden sehr.«

»Hier wurde ein Unschuldiger getroffen«, bekommt der
gescholtene Regisseur von vielen Seiten Schützenhilfe.
»Vielleicht sind die Szenen nicht ganz geglückt, aber er hatte die beste Absicht, vor einem neuen Antisemitismus zu
warnen. Wir verstehen aber auch, daß die jüdische Bevöl-
kerung gerade jetzt in den Tagen des Eichmann-Prozesses
besonders empfindlich ist.«

Während Helmut Käutner noch die Wunden leckt, geht

der erste (und einzige) Film seiner Ehefrau, *Zu jung für die Liebe?,* in die Kinos. Sie hat ihr Regie-Debüt in den Spandauer-Studios der Berliner CCC-Film-Gesellschaft abgelegt. Fast flüsternd gibt sie bei den Dreharbeiten ihre Anweisungen. Nur mit sparsamen, aber einprägsamen Gesten führt sie ihre Schauspieler: Loni von Friedel, Heinz Blau, Berta Drews und – in der Rolle eines Rechtsanwalts – Ehemann Helmut. Ihm obliegt auch die künstlerische Oberleitung des Films. Aber er kommt meist nur abends ins Atelier 7, um sich die fertigen Muster anzuschauen.

Hat er, nachdem Erica Balqué auf Solopfaden schritt, seine beste und zugleich verständnisvollste Mitarbeiterin

*Helmut Wildt in ›Schwarzer Kies‹ (1961)*

*Erica Balqué machte sich auch als Regisseurin einen Namen*

verloren? »Nein«, sagt sie bestimmt. »Ich bin in den letzten Jahren, weit über die eigentlichen Aufgaben einer Regie-Assistentin hinaus, zur Mitarbeiterin meines Mannes geworden. Das heißt, ich habe mich um viele andere Dinge, die mit der Herstellung eines Films zu tun haben, gekümmert. Selbstverständlich will ich auch in Zukunft weiterhin die Mitarbeiterin meines Mannes sein, gleichgültig, ob sich neue Regiepläne für mich ergeben.«

Die nächste Gelegenheit – allerdings wieder als Regie-

Assistentin – ergibt sich im Herbst 1961. Helmut Käutner, selbst im Herbst seines Filmschaffens und alles andere als ein Regisseur für Lieschen Müller, dreht – ausgerechnet – *Der Traum von Lieschen Müller.* Die 92 Minuten sich dahinschleppenden Wunschbilder einer jungen Bankangestellten mit Sonja Ziemann, Martin Held, Helmut Griem, Peter

*Helmut Griem und Sonja Ziemann in ›Der Traum von Lieschen Müller‹ (1961)*

*Oben: Cornelia Froboess und Peter Weck in ›Der Traum von Lieschen Müller‹ (1961)*
*Rechts oben: Ruth Leuwerik und Rossano Brazzi in ›Die Rote‹ (1962)*
*Rechts unten: Helmut Käutner und Sonja Ziemann während der Berliner Filmfestspiele 1961*

Weck, Cornelia Froboess, Wolfgang Neuss, vom Autor Käutner satirisch gedacht, vom Regisseur Käutner verworren dargestellt, fordert die Jury »Preis der jungen Filmkritik« heraus. Sie verleiht Käutner 1961 den »Preis für die schlechteste Leistung eines bekannten Regisseurs« zu gleichen Teilen für seine Filme *Schwarzer Kies* und *Der Traum von Lieschen Müller,* da die Jury sich nicht entscheiden mochte, »welcher von beiden Filmen der schlechtere sei.«

Besser, wenn auch nicht Käutner-like wie früher, fällt des Regisseurs nächstes Opus aus. *Die Rote*, Anfang 1962 fünfundvierzig Tage lang nach dem gleichnamigen Roman

von Alfred Andersch in Venedig und Mailand gedreht, wird als offizieller deutscher Beitrag für die Internationalen Filmfestspiele in Berlin nominiert.

Die erotischen Abenteuer einer aus ihrer Ehe ausbrechenden Frau versucht ein deutsch-italienisches Filmteam im grautrüben Februar-Venedig zu bewältigen: Ruth Leuwerik, Rossano Brazzi, Giorgio Albertazzi, Harry Meyen, Richard Münch, Gert Fröbe als Darsteller. Fellini-Mitarbeiter Otello Martelli an der Kamera. Carlo Ponti als Co-Produzent.

Erinnert sich Ruth Leuwerik: »Jeder spielte seinen Part in seiner Landessprache. Giorgio Albertazzi und ich hatten keine gemeinsame Fremdsprache, mit der wir uns hätten verständigen können. Dennoch war das Fluidum zwischen uns so wunderbar, daß wir jedes Wort und jede Szene miteinander aufnahmen, als sprächen wir beide die gleiche Muttersprache.«

Die Sprache, die Helmut Käutner bei der *Roten* spricht, ist weniger verständlich. »Er hat sich«, schreibt Karena Niehoff in der Stuttgarter Zeitung, »zwischen Hitchcock und Antonioni angesiedelt, zwischen Aktion und Aktionslosigkeit. Es leuchtet ein, daß man auf der Jagd nach beiden entgegengesetzten Zielen außer Atem kommen muß, zu keinem Ziel kommen kann. Das erinnert an die sophistische Fabel von dem Esel, der zwischen zwei gleich reizvollen und appetitlichen Heubündeln unentschieden verhungert.«

Kein Wunder, daß das Berliner Premierenpublikum bei dem Satz der *Roten*, »Sie glauben, ich spinne?«, laut losjohlt. Einzig Otello Martelli gelingt es, mit seiner Kamera eine Szenerie einzufangen, die das Thema Einsamkeit des Menschen unter Menschen überzeugend simuliert.

Für Helmut Käutner stehen, trotz aller Kritiken, die Ampeln keineswegs auf *rot*. Er entdeckt 1962 ein neues Medium für sich: das Fernsehen. »Ich bin ein Mensch«, re-

*Rossano Brazzi, Ruth Leuwerik und Giorgio Albertazzi während einer Drehpause des Films ›Die Rote‹ (1962)*

sümiert er, »der immer nach vorn sieht. Ich bin ausschließlich darauf konzentriert, was ich gerade mache oder machen werde. Rekonstruktion der Vergangenheit ist für mich sehr mühsam.« Vielleicht liegt in dieser Einstellung Käutners Geheimnis, Mißerfolge wegzustecken, ohne Wirkung zu zeigen; zielstrebig und ohne Konzessionen seinen Weg zu gehen, den er sich selbst programmiert hat. Vielleicht wird daraus auch seine stete Unrast erklärbar, die ihn kraftvoll von einer Arbeit zur anderen treibt. Vom Drehbuchschreiben zum Inszenieren; vom Theater zum Film. Und nun also auch zum Fernsehen.

*Käutner im Gespräch mit Marianne Koch (Mitte) und Paul Hubschmid
(rechts)*

Am 21. Oktober 1962 strahlt die ARD seinen Bildschirm-Erstling *Annoncentheater* - ein Abendprogramm des Deutschen Fernsehens im Jahre 1776 – aus. Ein Sujet, bei dem Käutner wieder in seiner reichen Fantasie schwelgen kann. 115 Minuten lang und mit einem Großaufgebot an Darstellern: Rudolf Lenz, Ingmar Zeisberg, Henry

Vahl, Richard Münch, Carl-Heinz Schroth, Will Quadflieg, Helga Feddersen, Fritz Benscher, Charles Regnier, Jürgen Graf, Antje Weisgerber ebenso wie die Journalisten Thilo Koch, Kurt Wessel und Sebastian Haffner.

Im Juli 1962 kehrt der kurzfristig Fahnenflüchtige wieder auf gewohntes Terrain zurück. In der mit 2 100 Quadratmetern größten Atelierhalle in München-Geiselgasteig und in Eichstätt (Bayern) erarbeitet er mit Heinz Rühmann, Ruth Leuwerik, Paul Dahlke, Ilse Pagé, Michael Verhoeven, Doris Kieslow, Victor de Kowa und Hanne Wieder die Curt Goetz-Komödie *Das Haus in Montevideo*.

Goetz, 1888 geboren, Schauspieler, Autor und Regisseur, während der Nazizeit in Hollywood im Exil und 1960 verstorben, pflegte hohes Boulevard-Niveau und inszenierte sein *Haus in Montevideo* 1951 schon einmal selbst.

Helmut Käutner hält sich bei dem Remake streng an die Goetz-Vorlage. Die Angst mancher, daß er – mal wieder – die Nuance überbewertet, *Montevideo* verkäutnert, sieht er unbegründet. »Unser Film ist ein Curt Goetz-Film!« erklärt er nach Beendigung der Dreharbeiten. »Wir sind sogar im Gegensatz zum ersten, den Goetz ja selber betreut und inszeniert hat, sehr viel mehr zurückgegangen auf sein eigentliches Theaterstück. Wir haben es zwar filmisch aufgelöst, aber was wir gemacht haben, ist wortgetreuer geworden als sein damaliges Drehbuch.«

Es ist die Geschichte des Studienprofessors Gottlieb Nägler, glücklich verheiratet, Vater von zwölf Kindern, der von seiner verstorbenen Schwester Josefine, dem »schwarzen Schaf« der Familie, eine Erbschaft zugunsten seiner Tochter Atlanta zu erwarten hat: Ein Haus in Montevideo. Zusammen mit der Tochter und Pastor Riesling macht sich der Professor auf den Weg nach Montevideo. Dort fällt der moralfeste Gottlieb Nägler von einer Ohnmacht in die andere: das Erbe erweist sich als anrüchiges Etablissement mit leichtgeschürzten Mädchen und einem Haken – Haus

*Heinz Rühmann und Hanne Wieder in ›Das Haus in Montevideo‹ (1963)*

und 200 000 Dollar Bargeld gibt's nur, wenn sich in der
Familie Nägler innerhalb einer bestimmten Frist der gleiche »Fehltritt« ereignet wie vor Jahren bei Schwester Josefine. Der Professor balanciert zwischen Moral und Versuchung, doch plötzlich zeigt sich ein Ausweg ab.

Im Bühnenstück herrscht der Dialog vor, das Wort und
die Wortpointe. Der Film ist an die optische Darstellung
gebunden. Helmut Käutner findet einen Ausweg. »Natürlich haben wir kürzen müssen, manche ausgesonnenen
und erklärenden Sätze auf der Bühne, welche die Vorgänge
im Nebenraum oder vom gestrigen Tag erläutern, konnten
entfallen. Wir mußten Dialoge hier und da straffen, haben
andererseits Vorkommnisse, die auf der Bühne »nur«

berichtet werden, mit dem wörtlichen Dialog von Curt Goetz in Szenen verwandelt. Und dann konnten wir durch den Film eine Gefahr des Stückes bannen: Eine Figur – nämlich die Frau Professor (Ruth Leuwerik) – steigt ja zwei Akte aus dem Theater aus, weil sich die »Partner« in Montevideo befinden. Wir haben deshalb in den Montevideo-Komplex eine Anzahl von Szenen eingeschoben, in denen wir in die Kleinstadt zurückgehen und die Folgen der zu erwartenden Erbschaft zeigen. So erreichen wir, daß beide Hauptdarsteller (Heinz Rühmann und Ruth Leuwerik) immer im Film erscheinen, und haben eine günstige Gruppierung des sonst überhängenden Montevideo-Teils

*Helmut Käutner (stehend) richtet eine Szene für Heinz Rühmann und Paul Dahlke ein. Aus ›Das Haus in Montevideo‹ (1963)*

gewonnen. Der Wortlaut im Ablauf dieser eingeschobenen Szenen liegt genau an derselben Stelle, wo sie bei Curt Goetz auf der Bühne in einer Art Mauerschau berichtet werden. Sie sind nur zu selbständigen Szenen geworden.«

So setzt Käutner zum Beispiel die Stelle, in der Professor Nägler in Montevideo einen Brief von zu Hause bekommt, dergestalt um, daß er das, was im Brief mitgeteilt wird, im Film tatsächlich zeigt.

Für viele ist das Remake, das Helmut Käutner in 40 Tagen auf PANAVISION (das neue amerikanische Breitwandverfahren) bannt, nicht so stark wie das Original von Curt Goetz. In Erinnerung bleiben dennoch die Darstellung von Heinz Rühmann (»Vor Drehbeginn bekam ich einen Brief von Valerie von Martens, der Frau Goetz, die mir schrieb, daß ihr Mann, wenn er noch am Leben wäre, das *Haus in Montevideo* noch einmal gern mit mir gemacht hätte, weil er überzeugt war, daß die Rolle bei mir gut aufgehoben sei.«), Paul Dahlke in seiner ersten Filmdarstellung als Pastor und Hanne Wieder, die Carmen del la Roca, deren Chanson, komponiert von Franz Grothe, getextet von Helmut Käutner, auch außerhalb des Films Furore macht.

Im Januar 1964 geht die Meldung von einem Einbruch, dem fünften, in die Käutner-Villa in Berlin-Grunewald durch die Presse. Gestohlen werden sieben englische Pfundnoten im Wert von 78 Mark. Wesentlich verlustreicher ist der Einbruch, den der Regisseur im Sommer 1964 selbst verschuldet. Ludwig Thomas *Lausbubengeschichten* sind sein 35. und vorletzter, Kino-Streich. Die kunstvoll naiv geschriebenen Kindheitserinnerungen des Bayern Thoma blättert der Wahl-Berliner Käutner – mit dem zwölfjährigen Hansi Kraus, Käthe Braun, Michl Lang, Beppo Brem, Friedrich von Thun, E. F. Fürbringer, Franz Muxeneder, Georg Thomalla, Michael Verhoeven, Willy Rösner und Carl Wery – so grobkörnig auf die Leinwand,

*Elisabeth Flickenschildt, Käthe Braun, Hansi Kraus und Renate Kasche in*
*›Lausbubengeschichten‹ (1964)*

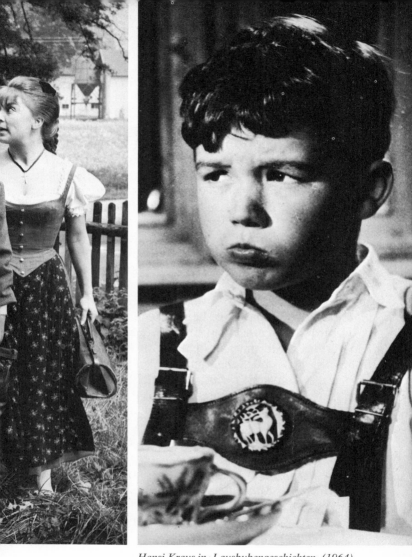

*Hansi Kraus in ›Lausbubengeschichten‹ (1964)*

daß mancher Kinogänger mit Wehmut an die Buchvorlage denkt, wenn er aus dem Kino wankt.

Käutners *Lausbubengeschichten* machen keine Geschichte. Der Spielfilm, den er jahrzehntelang mit prägte, ist – scheint's – nicht mehr sein Metier. Die Zeiten haben sich gewandelt, das Filmerwarten und Filmemachen angesichts des großen Bruders Fernsehen auch. »Es hat keinen Zweck, wenn ich jetzt mit fast 60 einen Film mache, als ob ich 28 Jahre alt wäre«, sagt der Aussteiger. »Die Experimente – zum Beispiel die verwackelte Kamera – habe ich hinter mich gebracht, als ich wirklich in diesem Alter war.« Und mit einem kräftigen Seitenhieb auf die Produzenten: »Die Elemente geschäftlicher Fragwürdigkeit und Dilettantismus in Vereinigung – ein bißchen viel, von einem erwachsenen Menschen zu verlangen.«

Helmut Käutner weicht weiteren Konfrontationen geschickt aus. Besinnt sich wieder mehr aufs Theater und inszeniert statt für die große Leinwand nun für den kleinen Bildschirm, fürs Fernsehen. Emsig wie eh und je hetzt er von Termin zu Termin; ausgebucht als Autor, Regisseur, Bühnenbildner und Schauspieler. Der Lust am Experimentieren noch lange nicht verlustig läßt der »Kino-Opa« Produzenten wie Intendanten ungerührt mit den Zähnen knirschen. Er hat nicht verlernt, seinen Kopf durchzusetzen.

Helmut Käutner inszeniert bis 1970 dreizehnmal fürs Fernsehen: *Das Gespenst von Canterville* (1964, ZDF), *Romulus der Große* (1965, ARD), *Die Flasche* (1965, ZDF), *Robin Hood, der edle Ritter* (1965, ZDF), *Leben wie die Fürsten* (1966, ARD), *Die spanische Puppe* (1967, ARD), *Stella* (1967, ARD), *Valentin Katajews chirurgische Eingriffe in das Seelenleben des Dr. Igor Igorowitsch* (1967, ARD), *Bel Ami* (1968, ARD), *Tagebuch eines Frauenmörders* (1969, ARD), *Christoph Kolumbus oder die Entdeckung Amerikas* (1969, ARD), *Einladung ins Schloß oder die Kunst das Spiel zu*

*Helmut Käutner und Margot Trooger in dem Fernsehfilm ›Feinde‹ (1976)*

*spielen* (1970, ZDF), *Anonymer Anruf* (für die Serie *Der Kommissar*, 1970, ZDF). – »Ich habe mein künstlerisches Betätigungsfeld auf den Fernsehsektor verlegt, weil es mir aufs Inszenieren ankommt und nicht auf Geld«, sagt der Unermüdliche.

Helmut Käutner ist als Schauspieler via »Mattscheibe« zu sehen: In *Wir machen Musik* (1966, ARD), *Der Teufel und der liebe Gott* (1967, III. Programm), dem TV-Dreiteiler *Ein Mann namens Harry Brent* (1968, ARD), im mehrteiligen Krimi *Babeck* (1968, ZDF), in *Das Bastardzeichen* (1970, ZDF), in der *Kommissar*-Folge *Messer im Rücken* (1970, ZDF) sowie in seinen eigenen Inszenierungen *Das Gespenst von Canterville* und *Valentin Katajews chirurgische Eingriffe in das Seelenleben des Dr. Igor Igorowitsch*. – »Merkwürdigerweise bin ich, seitdem ich viel fürs Fernse-

*Oben: Helmut Käutner (rechts) und Helmut Lohner in dem Fernsehkrimi*
*›Babeck‹ (1975)*

*Rechts unten: Helmut Käutner in dem Tatort-Fernsehkrimi ›Der Richter in*
*Weiß‹ (1971)*

hen arbeite, mehr denn je als Schauspieler beschäftigt«, wundert sich der Vielseitige.

Helmut Käutner findet sein Publikum auf den Bühnenbrettern: Als Seelenarzt Dr. Sigmund Freud (mit eisgrauem Spitzbart) in *Verbotenes Land*, in Peter Ustinovs *Halb auf dem Baum*, als 70jähriger Großvater, der seine Familie umbringt, in *Die scharlachrote Familie*, in *Richard II.*. – »Die Tourneen sind anstrengend, aber machen viel Spaß«, schmunzelt der Rastlose.

Helmut Käutner führt am Theater Regie: Thornton Wilders *Wir sind noch einmal davongekommen* (auch das Bühnenbild stammt von ihm), *Macbeth* in Hamburg, *Die scharlachrote Familie* in Berlin, die Spieloper *Viva la mama* in München, *Die Zimmerschlacht* in Frankfurt, *Carmina reale* (wieder auch als Bühnenbildner), ebenfalls in Frankfurt. – »Das Theater ist immer eine dankbare Aufgabe«, reüssiert der Alleskönner.

Käutner, unermüdlich, rastlos, hat nur noch selten Zeit, seinen geliebten botanischen Garten, und den Märchenwald, der aus 35 Bombentrichtern im Grunewald wuchs, zu genießen.

62 ist er jetzt, aber, von einer inneren Unruhe getrieben, noch immer nicht müde. Dennoch: Die Arbeitswut zieht sichtbare Spuren in sein einst volles Gesicht. Er raucht Kette und kneift die kleinen Äuglein noch mehr zusammen als früher.

Im Juni 1970 betritt der liebenswürdige wie schwierige Querkopf zum letztenmal als Regisseur ein Filmatelier. Zum Abschluß seines 3ljährigen Filmschaffens setzt er den dritten Aufguß der *Feuerzangenbowle* an.

Doch Helmut Käutner wärmt die Spoerlschen Schulstreiche, mit denen einst Heinz Rühmann in der Paraderolle des Oberprimaners Pfeiffer zum Glückstreffer wurde, nur auf. Er, der sonst seine Themen stets aktualisierte, ironisiert, glossiert, klebt diesmal an der überholten Vorlage aus dem Jahre 1932. So gedeiht die Schulklamotte mit Uschi Glas, Theo Lingen, Walter Giller, Hans Richter, Willy Reichert, Fritz Tillmann und Ex-Miß-Österreich Nadja Tiller nur zu einem sentimentalen, allenfalls lodernden, nicht aber feurigem Remake.

»Dieser jüngste Aufguß der dünnen *Feuerzangenbowle* ist ein Indiz für die Schizophrenie einheimischer Filmpolitik«, schreibt ein Kritiker. »Während die Bonner Regierung eine Bildungsanleihe erwägt und die Bundesländer sich um die Abschaffung der von Spoerl glorifizierten Paukschule kümmern, ist Käutners Propaganda für die gemütliche alte Penne der durch Bundesgesetz installierten Filmförderungsanstalt so gut wie sicher.«

Der gescholtene Regisseur verteidigt sein antiquiertes, langatmiges Werk. »*Die Feuerzangenbowle* und auch vorher schon die *Lausbubengeschichten* waren für mich rein mechanische Fingerübungen. Aber was ist gegen solche

*Helmut Käutner (links) und Werner Hinz in dem Fernsehfilm ›Eichholz & Söhne‹ (1978)*

*Jörg Pleva, Helmut Käutner, Günter Schramm, Erik Ode und Christiane Krüger in der ›Kommissar‹-Folge ›Messer im Rücken‹*

*Helmut Käutner mit Uschi Glas und Theo Lingen in einer Drehpause von*
*›Die Feuerzangenbowle‹ (1970)*

*Walter Giller, Uschi Glas und Helmut Käutner während der Dreharbeiten zu*
*›Die Feuerzangenbowle‹ (1970)*

*Helmut Käutner und Walter Giller während der Dreharbeiten zu ›Die Feuer-zangenbowle‹ (1970)*

*Nach der Verleihung des Deutschen Filmpreises 1975 treffen sich Robert A. Stemmle, Hans-Dietrich Genscher und Helmut Käutner (v. l. n. r.) zu einem Plausch*

Filme einzuwenden, wenn sie anständig und kultiviert gemacht sind?«

Sicher nichts, wenn eben nicht der Regisseur Helmut Käutner hieße, von dem man mehr als nur Otto-Normalverbraucher-Kost erwartet. Ein Anspruch, den er, der Regisseur, sich stets selbst gestellt (und meist auch erfüllt) hat.

Daß dennoch in ihm brennt, was ihn groß gemacht hat, beweist Helmut Käutner mit der Antwort auf die Frage, ob er, der Streitbare, der Sozialkritische, resigniert habe. »Nein«, protestiert er lebhaft. »Ich bin noch genauso wie früher. Aber ich habe keine Gelegenheit, beim deutschen Film das zu drehen, was mich bewegt. Die *Jagdszenen aus Niederbayern* wären ein Film gewesen, der mich gereizt hätte, oder auch *Easy Rider* auf deutsche Zustände projiziert. Sex-Filme und Schnulzen sind nicht meine Kragenweite, wobei ich gleich sagen muß, daß ich den härtesten Sex in einen Film einbauen würde, wenn es die Story verlangte.

Doch kein Film-Produzent verlangt nach ihm, dem genialen Schöpfer so wundervoller Filme wie *Romanze in Moll, Große Freiheit Nr. 7, Unter den Brücken, In jenen Tagen* und *Der Hauptmann von Köpenick*. Aber auch Helmut Käutner zeigt kein Verlangen mehr. »Wir haben uns gegenseitig voneinander zurückgezogen«, sagt er zwar ohne Zorn, aber mit spürbarer Enttäuschung. »Ich habe in diesem Medium keine gerade Entwicklung durchgemacht. Zuerst war ich immer das Enfant terrible – und plötzlich der Papa von Opas Kino. In der Mitte war ich nie.«

# Schmerzhaftes Ende

*Fernsehen, Theater, eine Filmrolle und die lange, schwere Krankheit*

Kino ade, Fernsehen olé. Helmut Käutner, aus den Filmateliers vertrieben, macht sich auf dem Bildschirm breit. In seiner neuen künstlerischen Heimat inszeniert er, intensiv wie immer, *Die gefälschte Göttin* (1971, ZDF), *Die seltsamen Abenteuer des geheimen Kanzleisekretärs Tusman* (1972, ZDF), *Onifle oder der erzürnte Himmel* (1972, ARD), *Die preußische Heirat* (1974, ARD), *Stiftungsfest* (eine Folge der Serie *Derrick*, (1974, ZDF) und steht auch selbst vor der TV-Kamera in: *Die gefälschte Göttin* (1971, ZDF), in *Die Frau in Weiß* (1971, ARD), *Der trojanische Sessel* (1971, ARD), der *Tatort*-Folge *Der Richter in Weiß* (1971, ARD), *Van der Valk und die Reichen* (1973, ARD), in der *Derrick*-Folge *Nur Aufregungen für Rohn* (1975, ZDF).

Im Herbst 1974 steht der Name Käutner auch wieder auf den Kino-Plakaten. Nicht als Regisseur – als Hauptdarsteller. Der Drei-Stunden-Streifen heißt *Karl May*. Regie führt Hans-Jürgen Syberberg. Helmut Käutner spielt den Karl May.

Nicht mehr mit spielt Käutners Gesundheit. Seine geradezu fanatische Arbeitswut und sein jahrzehntelanger Kampf mit Produzenten, Schauspielern und wohl auch sich selbst macht sich bemerkbar. Helmut Käutner muß wegen seines zu hohen Zuckerspiegels behandelt werden, hat starke Schmerzen im Oberbauch, leidet unter Magengeschwüren. Ein Wagen der Berliner Feuerwehr bringt den gepeinigten Regisseur ins Martin-Luther-Krankenhaus.

Die Erholungspause, die er sich gönnt, ist kurz. Er klagt nicht gern. Aber die Krankheit hinterläßt Spuren. Käutners Gesicht wirkt fahl, die Haut blaß und durchsichtig.

*Links: Helmut Käutner als Karl May in dem gleichnamigen Film von Hans-Jürgen Syberberg*

*Unten: Obwohl Paul Hoffmann (Helmut Käutner) an den Rollstuhl gefesselt ist, ist er bei den Damen des Altersheimes Hahn im Korb. Aus dem Fernsehfilm ›Der trojanische Sessel‹ (1976)*

*Rechts oben: Helmut Käutner und Käthe Gold in ›Karl May‹ (1974)*

*Rechts unten: Helmut Käutner im Jahre 1976*

Der dauernde Griff nach einer Zigarette beunruhigt nicht nur seine Ehefrau sondern auch seine Freunde.

Im Sommer 1975 – nach Arbeiten fürs und am Theater – stellt sich Helmut Käutner wieder der Fernseh-Kamera. In Hamburg zeichnet das ZDF Maxim Gorkis *Feinde* auf. Der Ex-Regisseur spielt den General Petschenjegow. Wenige Tage vor Beendigung der Dreharbeiten krümmt sich Käutner vor Schmerzen. Er fliegt nach Berlin, will sich von seinem Hausarzt untersuchen lassen und am 2. Juli anläßlich der Berlinale den Bundesfilmpreis, das »Filmband in Gold«, für seine Darstellung des Karl May entgegennehmen.

*Links: Helmut Käutner in ›Karl May‹ (1974)*

*Rechts: Im Wohnzimmer seines Berliner Bungalows*

Doch dazu kommt es nicht. »Ich zog mich gerade für die Feierstunde um, als ich plötzlich einen furchtbaren Schmerz verspürte«, erinnerte er sich später. »Dann brach ich bewußtlos zusammen.« Mit Blaulicht wird der Ohnmächtige ins Martin-Luther-Krankenhaus gefahren. Noch im Rettungswagen erleidet der Regisseur einen Blutsturz. Lebensgefahr.

Helmut Käutner, 67 Jahre alt, hat Glück. Nach wenigen Tagen wird er von der Intensivstation auf die Privatstation von Professor Dr. Witzgall verlegt. Zusammen mit Ehefrau Erica (»Helmut ist zwar ein starker Raucher, aber er hat niemals scharfe Speisen zu sich genommen, die ein Entste-

*Beim Entwurf einiger Bühnenbilder im Arbeitszimmer seines Berliner Bungalows*

hen von Magengeschwüren begünstigen können!«) wälzt er neue Pläne. »Mir fehlt gar nichts. Ich will wieder nach Hause. Am schlimmsten ist, daß ich zur Zeit nicht rauchen darf.«

*Beim Frühsport mit seiner rassigen Hündin Cikade*

Fünf Wochen später pafft er wieder. Heimlich. Und er wird operiert. »Warten hätte keinen Zweck gehabt«, erklärt er. »Ich war ja vorher schon einmal wegen eines Magengeschwürs im Krankenhaus.«

*Helmut Käutner und Christiane Hörbiger in ›Versuchung im Sommerwind‹*
*(1973)*

Im Spätherbst wird er entlassen. »Nicht mehr rauchen«, raten die Ärzte. Und: »Kürzer treten bei der Arbeit!« Helmut Käutner, fast 40 Pfund leichter – Tribut der schweren Krankheit – kann beides nicht. Und auch nicht vom Fernsehen lassen. Mit Margot Hielscher und Rolf Roth steht er für das TV-Spiel *Hundert Mark* vor den ZDF-Kameras.

*Helmut Käutner und seine Frau Erica Balqué im Garten ihres Berliner Bungalows*

Seine Wangen sind eingefallen, zwei tiefe Furchen zerschneiden das Gesicht, die rechte Hand greift unstet gierig zur nächsten Zigarette. Doch der Rekonvaleszent gönnt sich keine Ruhe. Arbeitet als Regisseur und Bühnenbildner fürs Theater, steht in der *Derrick*-Folge *Auf eigene Faust* (1976, ZDF) sowie für die 13teilige ARD-Serie *Eichholz & Söhne* (1977) vor der Kamera, inszeniert für die ARD *Mar-*

*Oben: David McCallum (links) und Helmut Käutner in dem Fernsehfilm ›Ständig in Angst‹ (1970)*

*Rechts oben: Helmut Käutners Bungalow in der Berliner Königsallee*

*Rechts unten: Der Eingang zum Berliner Heim der Käutners*

*guerite in Aix* (1976) und für das ZDF *Mulligans Rückkehr* (1978).

*Mulligans Rückkehr* wird zum Abschied. Während der anstrengenden Nachtdreharbeiten im August 77 klagt der 69jährige Alleskönner: »Mir ist so komisch. Ich friere dauernd«, bricht zusammen. Kreislaufkollaps. Helmut Käutner muß zur Untersuchung ins Krankenhaus. Wehrt sich mit Händen und Füßen, in stationärer Behandlung zu bleiben. »Diesen Film noch«, erklärt er Freunden, »dann mache ich sowieso Schluß mit diesem anstrengenden Beruf.«

Im November 1977 verkauft Helmut Käutner seine Villa in der Berliner Koenigsallee. Den Preis verrät er nicht. Kollegen munkeln von fast zwei Millionen Mark. Sein neues Domizil liegt im Süden, in Italien. »Schon als Pennäler wollte ich meinen Lebensabend in der Toscana verbringen«, begründet er seinen Entschluß. Das alte Landhaus liegt einsam und versteckt inmitten der herrlichen Landschaft Chianti, die dem weltbekannten Wein seinen Namen gegeben hat. Kurz hinter dem Dörfchen Castellina endet die asphaltierte Straße. Weiter geht es nur auf Serpentinen-reichen Kies- und Schotter-Feldwegen. Nach acht Kilometern Berg- und Talfahrt wird die »Casseta di Barabano« sichtbar. Helmut Käutner lebt hier allein mit Ehefrau Erica Balqué und seinen beiden Hunden. Cicade, einem Windspiel, und Aika, einem Afghanen. In der ehemaligen Scheune des alten Gehöfts hat er sich sein eigenes Reich geschaffen. Der alte Schreibtisch in der Ecke, an dem er so viele Drehbücher schrieb, erinnert an die lange kraftvolle schöpferische Phase des Hausherrn. An den Wänden stapeln sich seine geliebten Bücher und wertvolle Antiquitäten, an denen er hängt.

Genießen kann er sein neues Heim kaum. Er ist krank. Schwerkrank. Die Magengeschwüre, die Zuckerkrankheit, die Operationen haben Helmut Käutner gezeichnet.

*Helmut Käutner und seine Frau im Garten des Berliner Martin-Luther-Krankenhauses*

Am 28. März 1978 gratulieren Gerhard Stoltenberg, in Vertretung des Bundespräsidenten, sowie Bundeskanzler Helmut Schmidt und Willy Brandt dem erfolgreichen Regisseur zum 70. Geburtstag. Acht Monate später, am 27. November, würdigt Berlins Kultursenator Dieter Sauberzweig Helmut Käutners »hervorragende Verdienste um Berlin auf dem Gebiet der Kunst«. Der Berliner Senat verleiht dem Regisseur den Titel »Professor humoris causa«. Das Bundesverdienstkreuz besitzt er bereits seit 1974.

Dem frischgeehrten Professor geht es gar nicht gut. Ein Rückschlag zwingt ihn, zurück in der Toscana, im nahen Florenz ins Krankenhaus. Helmut Käutner ist ein schlechter Patient. Haßt die Krankenhausatmosphäre. Eines Nachts reißt er sich auf der Intensivstation alle Kanülen aus den Armen, nimmt seinen Koffer in die Hand und flüchtet barfuß im langen Klinikhemd zum nächsten Taxistand. Erica Balqué: »So groß war seine Sehnsucht nach zu Hause.« Die italienischen Ärzte sind mit ihrem Latein am Ende. Können nicht mehr helfen.

Erica Balqué chartert eine zweimotorige »Air Command«, fliegt mit ihrem kranken Mann von Florenz via München nach Berlin. Vom Flughafen Tegel wird Helmut Käutner mit Blaulicht ins Martin-Luther-Krankenhaus gefahren. Die Ärzte sind beunruhigt. Ihr prominenter Patient hat Durchblutungsstörungen, zwei Geschwüre am Zwölffingerdarm, ein hartnäckiges Nierenleiden, schwere Erschöpfungszustände.

Wochenlang darf niemand Helmut Käutner besuchen. Nur seine Frau verbringt jede freie Minute an seinem Krankenbett. Im März 1979 wird Käutner ins Berliner Klinikum Westend verlegt. Muß sich dort einer Prostata-Operation unterziehen. Im April wird er entlassen. Endlich. Er ist schwach, hat weiter abgenommen, kann nur wenige Schritte allein gehen. Hofft, daß ihm das milde Klima in der Toscana wieder auf die Beine hilft.

*Die Villa der Käutners im Tessin. Hier verbrachte der Regisseur die letzten Tage seines Lebens*

Im Herbst besucht Helmut Dohle, Journalist und Freund der Familie, Helmut Käutner und Erica Balqué in Italien. Helmut Käutner, schmal geworden, schlohweiß das schüttere Haar, weißgrau der Bart, liegt zerbrechlich auf einer Liege in der Mittagssonne. Erica Balqué, seine Frau, die sich für ihn als Krankenpflegerin ausbilden ließ, die ihn pflegt, ankleidet, stützt, seinen Blutzucker kontrolliert, darauf achtet, daß er nicht zu viel raucht und pünktlich seine Medizin nimmt, ist in den letzten Monaten um Jahre gealtert. »Meine Falten kann jeder sehen, denn ich habe sie weder durch ein ausschweifendes Leben noch durch Alkohol oder Drogen bekommen. Die Sorge um meinen Mann hat sich unerbittlich in mein Gesicht und mein ganzes Wesen eingefressen«, sagt die einst so aparte Frau.

*Helmut Käutner kurz vor seinem Tod*

Helmut Dohle stellt zögernd die Frage, die sich auf-
drängt: »Ist es Krebs?« Erica Balqué, die im Gespräch
ihren Mann nur ganz selten Helmut, meist aber Herr Käutner nennt, verneint entschieden. »Kein Arzt hat uns davon
etwas gesagt. Herr Käutner wurde wegen Geschwüren im
Magen und später an der Prostata operiert. Um sein Au-
genlicht zu retten, waren rechts 64 Schweißstellen mit
Laser-strahlen hinter dem Sehnerv nötig. Das alles aber
sind nur Folgen der Zuckerkrankheit, die bei Herrn Käutner das Endstadium erreicht hat. Wissen Sie, was es bedeu-
tet, an der Seite eines Mannes zu sein, der ständig am Ko-
ma entlanglebt?«

Später sagt Helmut Käutner leise und stockend: »Ich bin
sehr krank. Ich komme nicht mehr auf die Beine.« Und
dann: »Aber meine Frau darf es nicht wissen.«

182

Helmut Dohle schreibt in der *Neuen Revue*: »Ich bin tief-bewegt. Jeder dieser beiden Menschen, die sich seit ihrer Kindheit kennen, die auf Gedeih und Verderb miteinander verbunden sind, will den anderen schonen.«

Am 20. April, einem Sonntag, hat Helmut Käutners Lei-den ein Ende. Vier Wochen nach seinem 72. Geburtstag stirbt er in den Armen seiner Frau. Nach dem Willen Erica Balqué's wird der große Regisseur in Berlin, der Stadt sei-nes Lebens, zur letzten Ruhe gebettet.

*Helmut Käutner und Erica Balqué im Garten ihrer Tessiner Villa – das Gesicht des Regisseurs ist bereits vom Tod gezeichnet*

# Kunst ist Schmuggelware

*Ein Nachruf von Wilfried Wiegand*

Mit Helmut Käutner, der jetzt im Alter von zweiundsiebzig Jahren in Italien gestorben ist, verliert der deutsche Film seine Vaterfigur; den letzten großen Künstler aus jener Epoche, die der unseren unmittelbar vorausging und über die uns ein endgültiges Urteil noch immer nicht gelungen ist. Es war eine Zeit, wie sie Künstlern nicht zu wünschen ist, verdunkelt durch den Schlagschatten der ästhetisch fruchtbaren zwanziger Jahre und immer aufs neue verunsichert durch eine beispiellose Kette von Katastrophen: den Alptraum des Nationalsozialismus, die Schrecken des Weltkrieges, den Schock des Zusammenbruchs und das Elend der Nachkriegsjahre. Und selbst jenes Wirtschaftswunder, das dann in den fünfziger Jahren einsetzte, war einer künstlerischen Erneuerung kaum gewogen.

Diese drei Jahrzehnte sind eine Art Mittelalter der deutschen Kulturgeschichte unseres Jahrhunderts, eine dürftige Zeit, in der es nur ganz wenigen Künstlern gelang, die Integrität ihrer Person und das Niveau ihres Werks zu bewahren. Sieht man von den großen Emigranten ab, so bleiben nur ein paar Namen übrig, aber wie immer man die Auswahl auch treffen mag: Helmut Käutner gehört ebenso dazu wie Gustaf Gründgens.

Es war die letzte deutsche Generation, die noch in eine breite, alle Lebensbereiche und Bevölkerungsschichten umfassende Kultur hineinwuchs. Die für Deutschland sonst so typische Trennung zwischen hoher und trivialer Kunst existierte kaum: Kabarett und Chanson, Operette und Film erlebten eine Blütezeit, denn die größten Künstler waren sich nicht zu schade, an den vermeintlich niederen Medien mitzuarbeiten, die sich nach der Weltwirtschaftskrise plötzlich einem Massenpublikum gegenübersahen, wie es keine Kunst je gekannt hatte.

So war es nur konsequent, daß der junge Käutner nach dem Studium an der Essener Folkwang-Schule und der Universität München sich nicht nur dem Theater zuwandte, sondern daneben auch immer wieder dem faszinierenden Bereich der neuen Massenkünste. Nachdem sein Studenten-Kabarett »Die vier Nachrichter« von den Nationalsozialisten verboten wurde, versuchte er es noch einmal mit dem »Kabarett der Komiker« in Berlin, aber die Auflagen ließen auch dort nicht auf sich warten. Daneben war er Schauspieler und Regisseur an Leipziger, Münchener und Berliner Theatern, schrieb ein Theaterstück, sang Chansons auf Schallplatten. Den Film als Hauptberuf wählte Käutner erst, als der Krieg ausbrach und den deutschen Künstlern erneut die Daumenschrauben angesetzt wurden.

Da der Film von den Nationalsozialisten gerade als unpolitische Unterhaltungskunst gefördert wurde, sah Käutner hier eine Möglichkeit der inneren Emigration. Damit waren die Weichen seines Stils gestellt: Käutner wurde zum Klassizisten, zum Bewahrer einer Handwerksmoral, die in Epochen ohne sonstige Moral, oft den Wert eines Symbols annimmt.

Von den Filmen, die Käutner damals schuf, haben mindestens drei ihren Ruhm behalten: *Romanze in Moll* (1943) und *Große Freiheit Nr. 7* (1944), der dritte *Unter den Brükken,* wurde während der letzten Kriegstage gedreht und ignoriert die Katastrophe mit solcher Konsequenz, daß man ihn fast schon der Epoche des Nachkriegsfilms zurechnen könnte.

Man wird Käutners Leistung nicht gerecht, wenn man diesen Filmen lediglich bescheinigt, sie seien frei von zeitgebundener Ideologie und zudem handwerklich perfekt. Denn Käutner hat nicht nur die braune Ideologie vermieden, sondern jede. In diesen Filmen ist etwas derart Zeitloses, Freies und Internationales, wie es in der Realität damals nirgendwo auf der Welt vorhanden war. Diese Filme sind Wohnräume für einen Menschheitstraum, den es zu bewahren galt: für eine elementare Humanität, die von Kunstwerken glücklicherweise auch dann nachgebildet werden kann, wenn sie längst aus der Wirklichkeit verschwunden ist. Käutner war ein konservativer Künstler in des Wortes höchster Bedeutung.

Nach dem Krieg gehörte er zu den ersten, die sich dem »Trümmerfilm«, der deutschen Variante des Neorealismus, zuwandten *(In jenen Tagen,* 1947) mit *Der Apfel ist ab* (1948), versuchte er die erste Nachkriegssatire, und seit den fünfziger Jahren hat Käutner mit wechselndem Erfolg mit der wiedererstandenen Filmindustrie zusammengearbeitet. *Des Teufels General* (1956), *Der Hauptmann von Köpenick* (1956) und *Ein Glas Wasser* (1960) gehören zu den respektabelsten Leistungen dieser Phase, über die Käutner den sarkastischen Satz verlauten ließ, Kunst sei halt »Schmuggelware«. Zumindest in einigen Fällen hat er sie unversehrt ans Publikum gebracht.

Daneben inszenierte er nun wieder am Theater, später auch für das Fernsehen, und mit großem Erfolg trat er auch als Schauspieler auf; zuletzt mit überzeugend sächsischer Doppelbödigkeit als Karl May in Syberbergs Film. *Ein Glas Wasser,* die Scribe-Verfilmung aus dem Jahre 1960, dürfte jedoch sein letztes Werk gewesen sein, in dem ihm eine gültige Synthese der vielen Begabungen gelang, die er sonst wieder vereinzelt zu Wort kommen ließ. *Ein Glas Wasser –* das ist noch einmal die Trivialkunst Film bruchlos zusammengefügt mit den Traditionen des Theaters, es ist die Freude am vorgeschriebenen, nach festen Regeln ablaufenden Genrestück, bei dem gerade deshalb die kleinste

Verschiebung der Gewichte plötzlich so bedeutungsvoll wirkt, es ist die ewige Lust des Komödianten, das Schwere leicht zu sagen.

Gustaf Gründgens, der im »Das Glas Wasser« die Hauptrolle spielte, ist drei Jahre später gestorben. Aber die Epoche, die er und Käutner repräsentieren, hatte sich im Grunde schon mit jenem Film verabschiedet – so leise, daß es fast beiläufig klang.

(Frankfurter Allgemeine Zeitung Nr. 94
vom 22. April 1980)

# Ein Leben gegen die Erwartung

*Ein Nachruf von Peter Buchka*

Mit ihren Großen hatten es die Deutschen immer schwer –
und sie mit ihnen. Sie mußten, wenn sie schon nicht auf
einem Piedestal standen, wenigstens in einen Rahmen passen. Käutner war ein Großer; unbezweifelt galt er als der
wichtigste deutsche Filmregisseur der jungen Bundesrepublik. Gewiß, das hatte allein noch nicht soviel zu bedeuten nach der Verödung, die das Dritte Reich in der Filmindustrie angerichtet hatte; doch wahrscheinlich hätte sein
Ruhm, seine handwerkliche Meisterschaft und seine
unkonventionelle Kreativität noch viel heller gestrahlt, wäre die Konkurrenz hierzulande schärfer gewesen. Aber
Käutner wollte sich in keinen Rahmen fügen, er machte
immer gerade das, was man nicht von ihm erwartete.

Mißverständnisse begleiteten seine Karriere, für seine
Bewunderer vielleicht sogar tragische Mißverständnisse.
Hollywood hatte ihn 1957 eingeladen und ihm als besondere Ehre angetragen, einen Western zu drehen; Käutner
mißverstand die unausgesprochene Würdigung und lehnte
entrüstet ab. Nach drei kurz hintereinander gemachten Filmen, die auch keine großen Erfolge waren, kehrte er nach
Deutschland zurück.

Aber was war er für Deutschland? Zunächst – und noch
immer an erster Stelle – der Regisseur von *Romanze in Moll*
(1943), von *Große Freiheit Nr. 7* und besonders natürlich von
*Unter den Brücken* (beide 1944). Das waren Filme, die sich
in besonders kritischer Zeit jeglichen politischen Unter-
tons enthielten und doch weit entfernt von den belanglo-
sen Unterhaltungs- und Ablenkungskomödien der Nazis
waren. Erst Jahre später, nach dem Krieg, als man langsam

mit dem Neorealismus der Italiener und den Filmen von Jean Renoir bekannt wurde, hat man deren ganze Qualität zu ahnen begonnen. Dieser liebevolle, ganz unplakative Humanismus, der aus ihnen strahlte, diese sanfte Ironie und dieser verzeihende Spott bei aller widerborstigen Genauigkeit und unbeschönigenden Menschenschilderung, die darin zum Ausdruck kam, waren Eigenschaften, die man nicht nur nicht in damaligen deutschen Filmen erwartete, sondern die Maßstäbe setzten für eine ästhetische Richtung.

Kaum war der Krieg vorbei und mit ihm die Barbarei deutscher Politik, machte Käutner, der sich mit unpolitischen Filmen durch die Wirren von Babelsberg laviert hatte, auf einmal politische Filme. Auch das hatte man nicht von ihm erwartet, zumal er es nicht bei dem einen, gewissermaßen obligatorischen Rechtfertigungsfilm beließ. Im Gegenteil machte er gerade damals, in der Zeit erster Betroffenheit die satirische Ausstattungskomödie *Der Apfel st ab*. Aber zehn Jahre lang, während der kalte Krieg alle Grenzen verschloß, drehte er Filme über die Durchlöcherung scheinbar festgefügter Grenzen. In Berliner Filmkreisen hielt man ihn für verrückt, als er nach Jugoslawien ging, um das Partisanenstück *Die letzte Brücke* zu machen. *Des Teufels General, Himmel ohne Sterne* und *Ein Mädchen aus Flandern* – lauter Filme über den geheimen, den kalten oder heißen Krieg – belegten seinen für deutsche Verhältnisse herausragenden Ruhm in dieser Zeit. *Der Hauptmann von Köpenick* und *Ludwig II.* wurden dann auch die entsprechenden Massenerfolge, die den angeblich beruflichen Selbstmord von *Die letzte Brücke* glänzend widerlegten. Nun hätte eigentlich der wirklich große Film kommen müssen, das unwiderlegbare Meisterwerk.

Aber warum kam er nicht, dieser Film aus Deutschland, der damals eigentlich nur ihm zuzutrauen war, nachdem sogar Fritz Lang oder Robert Siodmak vom künstlerischen

Standpunkt nicht einlösen konnten, was man sich von ihnen erhoffte? War es das Klima der Restauration, die Krämermentalität der hiesigen Produzenten oder einfach der Zeitgeschmack? Käutner, der sich nie die Kontrolle über das Drehbuch seiner Filme aus der Hand nehmen ließ, wäre zum Filmautor prädestiniert gewesen; er war dazu bestimmt, die Vaterfigur des Neuen deutschen Films zu werden. Aber er wurde es nicht. Nach seiner Rückkehr aus Hollywood begnügte er sich auf einmal wieder mit Schelmenstücken wie *Schinderhannes*, mit mehr oder weniger seichten Komödien wie *Das Glas Wasser* oder *Das Haus von Montevideo*, bis er sich schließlich ganz in die sichere und abgesicherte Arbeit beim Fernsehen zurückzog.

Hatte er keine rechte Lust mehr mit dem Film, wie er ihn in Deutschland kannte? Oder wurden ihm seine anderen Talente – er hatte ja als Kabarettist und Schauspieler begonnen – wieder wichtiger? Jedenfalls bleibt Käutner, der deutsche Politik auf seine Art in seinen Filmen bewältigt hat, für die deutschen Kinogänger weiter ein unbewältigtes Kapitel. Aber die Deutschen schätzen ihre großen Künstler immer erst nach ihrem Tod. Am Sonntag ist Helmut Käutner, 72jährig, nach langer Krankheit im italienischen Castellina gestorben. Vielleicht beginnen nun seine Filme wieder zu leben.

(Süddeutsche Zeitung Nr. 94
vom 22. April 1980)

# Die Filme von Helmut Käutner

## In diesen Spielfilmen führte Helmut Käutner Regie

*U = Uraufführung, DB = Drehbuch, b/a = basiert auf*

1. **Kitty und die Weltkonferenz** – Terra-Filmkunst GmbH. U: 25. 8. 1939 in Stuttgart. DB: Helmut Käutner b/a dem Lustspiel *Weltkonferenz* von Stefan Donat.
   Besetzung: Hannelore Schroth, Fritz Odemar, Christian Gollong, Maria Nicklisch, Paul Hörbiger.
   Der Film wurde Ende 1939 von der Filmprüfstelle verboten.
2. **Frau nach Maß** – Terra-Filmkunst GmbH. U: 23. 3. 1940 in Heidelberg. DB: Helmut Käutner b/a dem gleichnamigen Bühnenstück von Eberhard Foerster.
   Besetzung: Hans Söhnker, Fritz Odemar, Leny Marenbach, Walter Steinbeck, Ursula Herking.
3. **Kleider machen Leute** – Heinz-Rühmann-Produktion/Terra-Filmkunst GmbH. U: 16. 9. 1940 in Konstanz. DB: Helmut Käutner b/a Motiven der gleichnamigen Novelle von Gottfried Keller.
   Besetzung: Heinz Rühmann, Hertha Feiler, Fritz Odemar, Hans Sternberg, Hilde Sessak, Aribert Wäscher.
4. **Auf Wiedersehen, Franziska** – Terra-Filmkunst GmbH. U: 24. 4. 1941 in München. DB: Helmut Käutner, Curt J. Braun.
   Besetzung: Marianne Hoppe, Hans Söhnker, Fritz Odemar, Rudolf Fernau, Margot Hielscher, Hermann Speelmans.
   Nach einer Entscheidung der Alliierten Militärregierungen wurde die Vorführung des Films in Deutschland verboten.
5. **Anuschka** – Bavaria-Filmkunst GmbH. U: 27. 3. 1942 in Berlin. DB: Axel Eggebrecht, Bearbeitung Helmut Käutner.
   Besetzung: Hilde Krahl, Elise Aulinger, Beppo Schwaiger, Siegfried Breuer, Fritz Odemar, Friedl Czepa, Karl Etlinger, Rolf Wanka.
6. **Wir machen Musik** – Terra-Filmkunst GmbH. U: 8. 10. 1942 in Berlin. DB: Helmut Käutner b/a dem Lustspiel *Karl III.*

*und Anna von Österreich* von Manfred Rößner und Motiven von Erich Ebermayr.
Besetzung: Ilse Werner, Victor de Kowa, Georg Thomalla, Grethe Weiser, Edith Oß, Kurt Seifert.

7. **Romanze in Moll** – Tobis-Filmkunst GmbH. U: 25. 6. 1943 in Berlin. DB: Willy Clever und Helmut Käutner nach einer Idee von Willy Clever.
Besetzung: Marianne Hoppe, Paul Dahlke, Ferdinand Marian, Elisabeth Flickenschildt, Siegfried Breuer, Eric Helgar, Karl Platen.

8. **Große Freiheit Nr. 7** – Terra-Filmkunst GmbH. U: 15. 12. 1944 in Prag. (Da in Deutschland verboten), 9.9.1945 in Berlin. DB: Helmut Käutner, Richard Nicolas.
Besetzung: Hans Albers, Ilse Werner, Gustav Knuth, Hans Söhnker, Hilde Hildebrand, Günther Lüders.

9. **Unter den Brücken** – UFA-Filmkunst GmbH. U: 1946 in Stockholm, September 1946 in Locarno. Deutsche Erstaufführung 18. 5. 1950 in Hamburg. DB: Walter Ulbrich, Helmut Käutner b/a dem Manuskript *Unter den Brücken von Paris* von Leo de Laforgue.
Besetzung: Hannelore Schroth, Carl Raddatz, Gustav Knuth, Margarete Haagen, Hildegard Knef, Ursula Grabley, Walter Gross.

10. **In jenen Tagen** – Camera-Filmproduktion GmbH. U: 13. 6. 1947 in Hamburg. DB: Helmut Käutner, Ernst Schnabel.
Besetzung: Winnie Markus, Werner Hinz, Hans Nielsen, Franz Schafheitlin, Erich Schellow, Ida Ehre, Erica Balqué, Hermann Speelmans, Margarete Haagen, Isa Vermehren, Willy Maertens, Carl Raddatz, Alice Treff, Bettina Moissi.

11. **Der Apfel ist ab** – Camera-Filmproduktion GmbH. U: 23. 11. 1948 in Hamburg. DB: Helmut Käutner, Bobby Todd b/a der gleichnamigen musikalischen Komödie von Kurt E. Heyde, Helmut Käutner und Bobby Todd (»Die Nachrichter«).
Besetzung: Bobby Todd, Bettina Moissi, Arno Aßmann, Joana Maria Gorvin, Margarete Haagen.

12. **Königskinder** – Klagemann-Film GmbH. U: 20. 1. 1950 in Krefeld. DB: Dr. Emil Burri, Herbert Witt, Helmut Käutner.
Besetzung: Jenny Jugo, Peter van Eyck, Erika von Thell-

mann, Hedwig Wangel, Friedrich Schoenfelder, Rudolf Schündler.

13. **Epilog** (Das Geheimnis der »Orplid«) – CCC-Produktion, U: 29. 9. 1950 in Hamburg. DB: R. A. Stemmle, Helmut Käutner b/a einer Idee von Arthur Brauner und Fritz Böttger und frei nach einem Tatsachenbericht.
Besetzung: Fritz Kortner, O. E. Hasse, Horst Caspar, Camilla Spira, Hans Leibelt, Blandine Ebinger, Hilde Hildebrand, Irene von Meyendorff, Hans Christian Blech, Horst Hächler, Peter van Eyck, Paul Hörbiger, Bettina Moissi.

14. **Weiße Schatten** – Dornas-Film GmbH. U: 28. 9. 1951 in Wiesbaden. DB: Maria Osten-Sacken, Helmut Käutner.
Besetzung: Hilde Krahl, Hans Söhnker, Claude Farell, Hugo Gottschlich.

15. **Käpt'n Bay-Bay** – Meteor-Film GmbH. U: 29. 1. 1953 in Frankfurt. DB: Heinz Pauck, Per Schwenzen, Helmut Käutner b/a der gleichnamigen Seemannskomödie von Iwa Wanja, Fritz Grasshoff und Norbert Schultze.
Besetzung: Hans Albers, Bum Krüger, Renate Mannhardt, Angèle Durand, Rudolf Fernau, Lotte Koch, Fritz Rèmond.

16. **Die letzte Brücke** – Cosmopol-Film. U: 11. 2. 1954 in Berlin. DB: Helmut Käutner, Norbert Kunze.
Besetzung: Maria Schell, Bernhard Wicki, Carl Möhner, Barbara Rütting, Fritz Eckhardt, Robert Meyn, Tilla Durieux, Horst Hächler.

17. **Bildnis einer Unbekannten** – Sirius-Film. U: 27. 8. 1954 in Berlin. DB: Hans Jacoby, Helmut Käutner.
Besetzung: Ruth Leuwerik, O. W. Fischer, Albrecht Schoenhals, Erich Schellow, Irene von Meyendorff.

18. **Ludwig II.** – Aura-Filmproduktions GmbH. U: 14. 1. 1955 in München. DB: Georg Hurdalek b/a einer Erzählung von Kadidja Wedekind.
Besetzung: O. W. Fischer, Ruth Leuwerik, Marianne Koch, Friedrich Domin, Rolf Kutschera, Paul Bildt, Robert Meyn, Rudolf Fernau, Fritz Odemar, Klaus Kinski, Willy Rösner.

19. **Des Teufels General** – Real-Film-GmbH. U: 23. 2. 1955 in Hannover. DB: Georg Hurdalek, Helmut Käutner b/a dem gleichnamigen Theaterstück von Carl Zuckmayer.
Besetzung: Curd Jürgens, Victor de Kowa, Karl John, Erica

Balqué, Harry Meyen, Werner Fütterer, Joseph Offenbach, Marianne Koch, Albert Lieven, Eva-Ingeborg Scholz.

20. **Himmel ohne Sterne** – Neue Deutsche Filmgesellschaft. U: 14. 10. 1955 in Nürnberg. DB: Helmut Käutner.
Besetzung: Eric Schumann, Georg Thomalla, Eva Kotthaus, Horst Buchholz, Gustav Knuth, Erich Ponto, Camilla Spira.

21. **Ein Mädchen aus Flandern** – Capitol-Film. U: 16. 2. 1956 in Hannover. DB: Heinz Pauck unter Mitarbeit von Helmut Käutner b/a der Novelle *Engele von Loewen* von Carl Zuckmayer.
Besetzung: Nicole Berger, Maximillian Schell, Victor de Kowa, Friedrich Domin, Anneliese Römer, Erica Balqué, Fritz Tillmann.

22. **Der Hauptmann von Köpenick** – Real-Film GmbH. U: 16. 8. 1956 in Köln. DB: Carl Zuckmayer, Helmut Käutner b/a dem gleichnamigen Theaterstück von Carl Zuckmayer.
Besetzung: Heinz Rühmann, Hannelore Schroth, Erich Schellow, Martin Held, Willy A. Kleinau, Walter Giller, Maria Sebaldt, Joseph Offenbach, Wolfgang Neuss.

23. **Die Züricher Verlobung** – Real-Film GmbH. U: 16. 4. 1957 in Hannover. DB: Heinz Pauck, Helmut Käutner b/a dem gleichnamigen Roman von Barbara Noack.
Besetzung: Liselotte Pulver, Paul Hubschmid, Bernhard Wicki, Wolfgang Lukschy, Rudolf Platte, Werner Finck, Maria Sebaldt.

24. **Monpti** – Neue Deutsche Filmgesellschaft. U: 12. 9. 1957 in Essen. DB: Helmut Käutner b/a dem gleichnamigen Roman von Gabor von Vaszary.
Besetzung: Romy Schneider, Horst Buchholz, Mara Lane, Boy Gobert, Oliver Moorefield, Bobby Todd, Bum Krüger, Joseph Offenbach.

25. **The Restless Years (»Zu jung«)** – Universal-International Los Angeles. U: 22. 10. 1958 in USA, deutsche Erstaufführung am 31. 10. 1958 in Ulm. DB: Edward Anhalt b/a dem Theaterstück »Teach Me How to Cry« von Patricia Joudry Steele.
Besetzung: John Saxon, Sandra Dee, Luana Patten, Magaret Lindsay, Virginia Grey, Theresa Wright.

26. **Stranger In My Arms** (»Ein Fremder in meinen Armen«) –

Universal-International Los Angeles. U: 13. 1. 1959 in USA, deutsche Erstaufführung am 12. 3. 1959 in Heidelberg. DB: Peter Berneis b/a dem Roman *And Ride a Tiger* von Robert Wilder.
Besetzung: June Allyson, Jeff Chandler, Sandra Dee, Mary Astor, Charles Coburn.

27. **Der Schinderhannes** – Real-Film GmbH. U: 17. 12. 1958 in Frankfurt. DB: Georg Hurdalek, Dialoge und Liedertexte Carl Zuckmayer b/a dem gleichnamigen Theaterstück von Carl Zuckmayer.
Besetzung: Curd Jürgens, Maria Schell, Fritz Tillmann, Christian Wolff, Joseph Offenbach, Siegfried Lowitz.

28. **Der Rest ist Schweigen** – Freie Film Produktion GmbH. U: 1. 7. 1959 in Berlin. DB: Helmut Käutner b/a dem Theaterstück *Hamlet* von William Shakespeare.
Besetzung: Hardy Krüger, Peter van Eyck, Ingrid Andree, Adelheid Seeck, Rudolf Forster, Boy Gobert, Heinz Drache, Charles Regnier, Richard Allan.

29. **Die Gans von Sedan »Une fleur au fusil«** – UFA/Capac Paris. U: 22. 12. 1959 in Berlin. DB: Jean L'Hote, Helmut Käutner b/a dem Roman *Une Dimanche au champ d'honneur* von Jean L'Hote.
Besetzung: Hardy Krüger, Jean Richard, Theo Lingen, Fritz Tillmann, Dany Carrel, Françoise Rosay.

30. **Das Glas Wasser** – Deutsche Film Hansa GmbH & Co. U: 6. 7. 1960 in Berlin. DB: Helmut Käutner b/a dem Theaterstück *Ein Glas Wasser* von Eugène Scribe.
Besetzung: Gustaf Gründgens, Liselotte Pulver, Hilde Krahl, Sabine Sinjen, Horst Janson, Rudolf Forster, Hans Leibelt.

31. **Schwarzer Kies** – UFA. U: 13. 4. 1961 in Stuttgart. DB: Helmut Käutner, Walter Ulbrich b/a einer Erzählung von Walter Ulbrich und Helmut Käutner.
Besetzung: Helmut Wildt, Ingmar Zeisberg, Hans Cossy, Wolfgang Büttner, Anita Höfer.

32. **Der Traum von Lieschen Müller (Happy-End im siebenten Himmel)** – Divina Film GmbH & Co. U: 19. 12. 1961 in Berlin. DB: Helmut Käutner, Willibald Eser.
Besetzung: Sonja Ziemann, Martin Held, Helmut Griem,

Cornelia Froboess, Peter Weck, Wolfgang Neuss, Bruno Fritz, Karl Schönböck, Georg Thomalla.

33. **Die Rote »La Rossa«** – Real-Film GmbH/Magic Film S.p.a. Rom/Compagnia Cinematografica Champion Rom. U: 30. 6. 1962 in Berlin. DB: Helmut Käutner b/a dem gleichnamigen Roman von Alfred Andersch.
Besetzung: Ruth Leuwerik, Rossano Brazzi, Giorgio Albertazzi, Harry Meyen, Richard Münch, Gerd Fröbe.

34. **Das Haus in Montevideo** – Hans Domnick Filmproduktion GmbH. U: 17. 10. 1963 in Hannover. DB: Helmut Käutner b/a der gleichnamigen Komödie von Curt Goetz.
Besetzung: Heinz Rühmann, Ruth Leuwerik, Paul Dahlke, Ilse Pagé, Michael Verhoeven, Hanne Wieder, Doris Kieslow, Victor de Kowa.

35. **Lausbubengeschichten** – Franz Seitz Filmproduktion. U: 15. 10. 1964 in München. DB: Kurt Heuser, Georg Laforet b/a *Tante Frieda* aus den *Lausbubengeschichten* von Ludwig Thoma.
Besetzung: Hansi Kraus, Käthe Braun, Michl Lang, Beppo Brem, Friedrich von Thun, Georg Thomalla, Ernst Fritz Fürbringer, Franz Muxeneder, Renate Kasche, Heidelinde Weis, Michael Verhoeven.

36. **Die Feuerzangenbowle** – Rialto Film Preben Philipsen GmbH & Co. KG. U: 18. 9. 1970 in Berlin. DB: Helmut Käutner b/a dem gleichnamigen Roman von Heinrich Spoerl.
Besetzung: Walter Giller, Uschi Glas, Theo Lingen, Willy Reichert, Nadja Tiller, Hans Richter, Fritz Tillmann, Helen Vita, Alice Treff.

# Film-Drehbücher, die Helmut Käutner für andere Regisseure schrieb

*MA = Mit-Autor, b/a = basiert auf, R = Regisseur, HD = Hauptdarsteller, U = Uraufführung*

1. **Schneider Wibbel** – Majestic-Film GmbH. MA: Bobby E. Lüthge b/a dem gleichnamigen Theaterstück von Hans Mül-

ler-Schlösser. R : Victor de Kowa. HD : Erich Ponto, Irene von Meyendorff, Fita Benkhoff, Günther Lüders. U : 18. 8. 1939 in Düsseldorf.

Nach einer Entscheidung der Alliierten Militärregierungen wurde die Vorführung des Films in Deutschland verboten.

2. **Salonwagen E 417** – Deka-Film GmbH. MA : Bobby E. Lüthge b/a einer Idee von Bobby E. Lüthge. R : Paul Verhoeven. HD : Käthe von Nagy, Curd Jürgens, Maria Nicklisch, Paul Hörbiger, Hilde Körber. U : 14. 4. 1939 in Wien, 5. 5. 1939 in Berlin.

3. **Die Stimme aus dem Äther** – Terra-Filmkunst GmbH. MA : Edgar Khan, Bobby E. Lüthge. R : Harald Paulsen. HD : Anneliese Uhlig, Mady Rahl, Ernst Waldow, Kurt Waitzmann, Erich Fiedler. U : 10. 5. 1939 in Berlin.

4. **Marguerite : 3** (Bei seiner Neuaufführung im Jahr 1950 erhielt der Film den Titel *Eine Frau für Drei*) – Minerva-Tonfilm GmbH. MA : Axel Eggebrecht b/a dem gleichnamigen Theaterstück von Fritz Schwiefert. R : Theo Lingen. HD : Gusti Huber, Hans Holt, Franz Schafheitlin, Grethe Weiser, Theo Lingen, Hermann Thimig. U : 22. 5. 1939 in Berlin.

5. **Film ohne Titel** – Camera-Film GmbH. MA : Ellen Fechner, Rudolf Jugert. R : Rudolf Jugert. HD : Hans Söhnker, Hildegard Knef, Irene von Meyendorff, Willy Fritsch, Erich Ponto, Fritz Odemar. U : 23. 1. 1948 in Berlin.

6. **Nachts auf den Straßen** – Neue Deutsche Filmgesellschaft. MA : Fritz Rotter. R : Rudolf Jugert. HD : Hans Albers, Hildegard Knef, Luice Mannheim, Marius Goring. U : Januar 1951 in Frankfurt.

7. **Griff nach den Sternen** – Neue Deutsche Filmgesellschaft. MA : Maria Osten-Sacken. R :Carl-Heinz Schroth. HD : Eric Schumann, Nadja Tiller, Liselotte Pulver, Paul Henckels. U : 30. 6. 1955 in Düsseldorf.

8. **Auf Wiederseh'n Franziska** – CCC-Produktion. MA : Curt Johannes Braun, Georg Hurdalek. R : Wolfgang Liebeneiner. HD : Ruth Leuwerik, Carlos Thompson, Friedrich Domin. U : 5. 9. 1957 in Frankfurt.

9. **Zu jung für die Liebe ?** – Alfa-Film. MA : Eberhard Kleindorff, Johanna Sibelius. R : Erica Balqué. HD : Loni von Friedl, Heinz Blau, Wolfgang Reichmann. U : 24. 3. 1961 in Düsseldorf.

# Helmut Käutner als Schauspieler in Spielfilmen, in denen er Regie führte

**Romanze in Moll** (1943) – Helmut Käutner spielt einen Dichter.
**Große Freiheit Nr. 7** (1944) – Helmut Käutner spielt einen Matrosen.
**In jenen Tagen** (1947) – Helmut Käutner als Sprecher (Stimme eines Autos).
**Der Apfel ist ab** (1948) – Helmut Käutner spielt einen Professor und Petrus.
**Königskinder** (1950) – Helmut Käutner spielt eine Nebenrolle.
**Epilog** (1950) – Helmut Käutner spielt eine Nebenrolle.
**Die letzte Brücke** (1954) – Helmut Käutner spielt einen verwundeten Landser.
**Des Teufels General** (1955) – Helmut Käutner spielt Görings »Schatten«.
**Ein Mädchen aus Flandern** (1956) – Helmut Käutner spielt einen Wachtposten.
**Der Hauptmann von Köpenick** (1956) – Helmut Käutner spielt einen Straßensänger.
**Die Züricher Verlobung** (1957) – Helmut Käutner spielt einen Reporter.
**Monpti** (1957) – Helmut Käutner spielt einen Touristen.
**Der Schinderhannes** (1958) – Helmut Käutner spielt einen französischen Offizier.
**Der Rest ist Schweigen** (1959) – Helmut Käutner spielt einen betrunkenen Kneipengast.
**Die Gans von Sedan** (1959) – Helmut Käutner spielt eine »Königliche Hoheit«.

# Helmut Käutner als Schauspieler
# in Spielfilmen anderer Regisseure

*R = Regie, U = Uraufführung*

**Kreuzer Emden.** R: Louis Ralph. U: 20. 5. 1932 in Berlin. Helmut
Käutner spielt einen Matrosen.
**Zu jung für die Liebe?** R: Erica Balqué. U: 24. 3. 1961 in Düssel-
dorf. Helmut Käutner spielt einen Rechtsanwalt und hat außer-
dem die künstlerische Oberleitung des Films.
**Versuchung im Sommerwind.** R: Rolf Thiele. U: 25. 5. 1973 in
München. Helmut Käutner spielt einen Professor.
**Karl May.** R: Hans-Jürgen Syberberg. U: 18. 10. 1974 in Mün-
chen. Helmut Käutner spielt den Karl May.


# In diesen Fernseh-Filmen
# führte Helmut Käutner Regie

*DB = Drehbuch, b/a = basiert auf.*

1. **Annoncentheater** (Ein Abendprogramm des Deutschen
   Fernsehens im Jahre 1776). DB: Dr. Walter Hilpert.
   Besetzung: Rudolf Lenz, Ingmar Zeisberg, Charles Brauer,
   Henry Vahl, Richard Münch, Fritz Benscher, Dr. Rudolf
   Kühn, Carl-Heinz Schroth. Erstsendung: 21. 10. 1962, ZDF.
2. **Das Gespenst von Canterville.** DB: Heinrich Sutermeister,
   Bearbeitung Helmut Käutner b/a der gleichnamigen Erzäh-
   lung von Oscar Wilde.
   Besetzung: Charles Brauer, Barry McDaniel, Benno Hoff-
   mann, Lisa Otto, Franz Schafheitlin. Erstsendung: 6. 9.
   1964, ZDF. 1. Wiederholung: 6. 10. 1965, ZDF. 2. Wiederholung: 14. 8. 1970, ZDF.
3. **Romulus der Große.** DB: Helmut Käutner b/a dem gleichnamigen Theaterstück von Friedrich Dürrenmatt.
   Besetzung: Camilla Spira, Brigitte Grothum, Romuld
   Pekny, Christian Doermer, Martin Hirthe, Robert Meyn.
   Erstsendung: 6. 6. 1965, ARD.

4. **Die Flasche.** DB: Friedrich Harau b/a der gleichnamigen Ballade von Joachim Ringelnatz.
   Besetzung: Ivan Desny, Heinz Reincke, Ingrid van Bergen. Erstsendung: 16. 11. 1965, ZDF.

5. **Robin Hood, der edle Ritter** (Zwei Teile). DB: Heinz Pauck, Bearbeitung Helmut Käutner.
   Besetzung: Hans von Borsody, Benno Hoffmann, Ingrid van Bergen, Alvy Becker, Margit Saad. Erstsendung: 1. Teil: 21. 4. 1966, ZDF, 2. Teil: 22. 4. 1966, ZDF. Wiederholung: 1. Teil: 30. 7. 1970, ZDF, 2. Teil: 1. 8. 1970, ZDF.

6. **Leben wie die Fürsten.** DB: Helmut Käutner b/a dem Fernsehspiel *Heloten* von Jean Anouilh.
   Besetzung: Peter Pasetti, Friedel Schuster, Michael Hinz, Eckhard Dux, Erika von Thellmann, Hubert von Meyerinck. Erstsendung: 28. 6. 1966, ARD. Wiederholung: 24. 11. 1967, ARD.

7. **Die spanische Puppe.** DB: Helmut Käutner b/a dem gleichnamigen Fernsehspiel von Giles Cooper.
   Besetzung: Sabine Sinjen, Max Eckhard, Margot Trooger. Erstsendung: 1. 6. 1967, ARD.

8. **Stella.** DB: Helmut Käutner b/a dem gleichnamigen Schauspiel von Johann Wolfgang von Goethe.
   Besetzung: Johanna Matz, Ulli Philipp, Susanne Uhlen, Gisela Mattishent. Erstsendung: 10. 8. 1967, ARD.

9. **Valentin Katajews chirurgische Eingriffe in das Seelenleben des Dr. Igor Igorowitsch.** DB: Claus Jürgen Frank, Bearbeitung Helmut Käutner b/a der Komödie *Die Zeiten der Liebe* von Valentin Katajew.
   Besetzung: Peter Vogel, Ida Ehre, Ilse Pagé, Monika Peitsch. Erstsendung: 24. 10. 1967, ARD. 1. Wiederholung: 12. 7. 1969, III. Programm (SDR I). 2. Wiederholung: 8. 5. 1971, III. Programm (HR).

10. **Bel Ami** (Zwei Teile). DB: Helmut Käutner b/a dem gleichnamigen Roman von Guy de Maupassant.
    Besetzung: Helmut Griem, Violetta Ferrari, Erika Pluhar, H. T. Branding, Dagmar Altrichter, Franz Kutschera. Erstsendung: 1. Teil: 19. 3. 1968, ARD, 2. Teil: 21. 3. 1968, ARD. Wiederholung: 1. Teil: 3. 7. 1977, ARD, 2. Teil: 10. 7. 1977, ARD.

11. **Tagebuch eines Frauenmörders.** DB: Helmut Käutner b/a der gleichnamigen Komödie von Istvan Bekefi.
Besetzung: Siegfried Lowitz, Günter Pfitzmann, Ingrid van Bergen, Manfred Heidmann, Helmut Qualtinger, Elisabeth Wiedemann. Erstsendung: 19. 6. 1969, ARD. Wiederholung: 5. 3. 1971, ARD.

12. **Christoph Kolumbus oder Die Entdeckung Amerikas.** DB: Helmut Käutner, Klaus Peter Schreiner b/a der gleichnamigen Komödie von Walter Hasenclever nach Kurt Tucholsky. Besetzung: Karl-Michael Vogler, Hans Clarin, Klaus Schwarzkopf, Maria Sebaldt, Margot Trooger, Theo Lingen, Joseph Offenbach, Harry Wüstenhagen. Erstsendung: 7. 9. 1969, ARD. 1. Wiederholung: 17. 8. 1971, ARD. 2. Wiederholung: 10. 4. 1976, III. Programm (HR). 3. Wiederholung: 23.4.1980 ARD.

13. **Einladung ins Schloß oder Die Kunst, das Spiel zu spielen.** DB: Helmut Käutner b/a dem Theaterstück *L'invitation au château* von Jean Anouilh.
Besetzung: Heinz Ehrenfreud, Monika Peitsch, Ilse Ritter, Karin Hübner, Leonard Steckl. Erstsendung: 18. 5. 1970, ZDF. Wiederholung: 21. 5. 1972, ZDF.

14. **Anonymer Anruf** (TV-Serie *Der Kommissar).* DB: Herbert Reinecker.
Besetzung: Eric Ode, Reinhard Glemnitz, Günther Schramm, Fritz Wepper. Erstsendung: 20. 11. 1970, ZDF. Wiederholung: 12. 8. 1978, ZDF.

15. **Die gefälschte Gräfin.** DB: Helmut Käutner, Bearbeitung Gregor von Rezzori b/a einer Novelle von Kurt Kluge.
Besetzung: Joachim Ansorge, Heinz Moog, Günther Wille. Erstsendung: 15. 9. 1971, ZDF.

16. **Die seltsamen Abenteuer des geheimen Kanzleisekretärs Tusman.** DB: Claus Hubalek b/a der Erzählung *Die Brautschau* aus *Die Serapionsbrüder* von E. T. A. Hoffmann.
Besetzung: Klaus Schwarzkopf, Carl-Heinz Schroth, Ilse Pagé, Peter Vogel. Erstsendung: 16. 1. 1972, ZDF. Wiederholung: 12. 1. 1974, ZDF.

17. **Ornifle oder Der erzürnte Himmel.** DB: Helmut Käutner b/a dem Theaterstück *Ornifle ou le courant d'air* von Jean Anouilh.

Besetzung: Peter Pasetti, Sky Du Mont, Adelheid Seeck, Lis Verhoeven. Erstsendung: 25. 5. 1972, III. Programm (HR). 1. Wiederholung: 10. 9. 1972, ARD. 2. Wiederholung: 3. 7. 1973, ARD. 3. Wiederholung: 8. 5. 1976, III. Programm (HR).

18. **Die preußische Heirat.** DB: Helmut Käutner b/a dem Theaterstück *Zopf und Schwert* von Karl Gutzkow.
Besetzung: Carl Raddatz, Dagmar Altrichter. Erstsendung: 20. 10. 1974, ARD. Wiederholung: 8. 4. 1977, ARD.

19. **Stiftungsfest** (TV-Serie *Derrick*). DB: Herbert Reinecker.
Besetzung: Horst Tappert, Fritz Wepper, Siegfried Lowitz, Herbert Fleischmann, Andrea Rau, Bruno Dietrich. Erstsendung: 1. 12. 1974, ZDF.

20. **Margarete in Aix.** DB: Peter Hacks b/a der gleichnamigen Komödie von Peter Hacks.
Besetzung: Erika Pluhar, Erik Frey, Wolfgang Kieling. Erstsendung: 13. 7. 1976, ARD. Wiederholung: 20. 4. 1978, ARD.

21. **Mulligans Rückkehr.** DB: Hans Frick b/a dem gleichnamigen Roman von Hans Frick.
Besetzung: Helmut Qualtinger, Gracia Maria Kaus, Buddy Elias, Gernot Duda, Harry Wüstenhagen. Erstsendung: 20. 3. 1978, ZDF.


# Helmut Käutner als Schauspieler in Fernsehfilmen, in denen er Regie führte

**Das Gespenst von Canterville.** Helmut Käutner spielt einen Fernseh-Regisseur. Erstsendung: 6. 9. 1964, ZDF. 1. Wiederholung: 6. 10. 1965, ZDF. 2. Wiederholung: 14. 8. 1970, ZDF.
**Valentin Katajews chirurgische Eingriffe in das Seelenleben des Dr. Igor Igorowitsch.** Helmut Käutner spielt den Valentin Katajew. Erstsendung: 24. 10. 1967, ARD. 1. Wiederholung: 12. 7. 1969, III. Programm (SR I). 2. Wiederholung: 8. 5. 1971, III. Programm (HR).
**Die gefälschte Göttin.** Helmut Käutner spielt einen Korvetten-Kapitän. Erstsendung: 15. 9. 1971, ZDF.

# Helmut Käutner als Schauspieler in Fernsehfilmen anderer Regisseure

*R = Regisseur*

**Wir machen Musik.** Helmut Käutner wirkt als Gast mit. R: Karl Vibach. Erstsendung: 10. 9. 1966, ARD. 1. Wiederholung: 5. 5. 1967, Vormittagsprogramm ARD/ZDF. 2. Wiederholung: 12. 1. 1969, Nachmittagsprogramm ARD (SDR I).

**Verbotenes Land** (Theateraufzeichnung). Helmut Käutner spielt den Professor Dr. Sigmund Freud. R: Ida Ehre (Bühnenregie), Ettore Cella (Bildregie). Erstsendung: 15. 1. 1967, ZDF.

**Der Teufel und der liebe Gott.** Helmut Käutner spielt einen Erzbischof. R: Peter Beauvais. Erstsendung: 19. 10. 1967, III. Programm (HR). 1. Wiederholung: 22. 12. 1969, III. Programm (HR). 2. Wiederholung: 7. 2. 1974, III. Programm (SDR/SR/SWF).

**Ein Mann namens Harry Brent** (TV-Dreiteiler). Helmut Käutner spielt den Sir Gordon Town. R: Peter Beauvais. Erstsendung: 15./17./19. 1. 1968, ARD.

**Babeck** (TV-Dreiteiler). Helmut Käutner spielt den Dr. Brenner. R: Wolfgang Becker. Erstsendung: 27./28./29. 12. 1968, ZDF. Wiederholung: 11./15./16. 8. 1975, ZDF.

**Das Bastardzeichen.** Helmut Käutner spielt den Adam Krug. R: Herbert Vesely. Erstsendung: 7. 1. 1970, ZDF.

**Messer im Rücken** (TV-Serie *Der Kommissar)*. Helmut Käutner spielt den Hugo Blasek. R: Wolfgang Staudte. Erstsendung: 24. 4. 1970, ZDF. 1. Wiederholung: 14. 5. 1970, Vormittagsprogramm ARD/ZDF. 2. Wiederholung: 1. 7. 1978, ZDF.

**Die Frau in Weiß** (TV-Dreiteiler). Helmut Käutner spielt den Fairlie. R: Wilhelm Semmelroth. Erstsendung: 16./23./30. 5. 1971, ARD. Wiederholung: 31. 12. 1972/1. 1. 1973/ 7. 1. 1973, Nachmittagsprogramm ARD (WDR I).

**Der trojanische Sessel.** Helmut Käutner spielt den Paul Hoffmann. R: Günter Gräwert. Erstsendung: 7. 10. 1971, ARD.

**Der Richter in Weiß** (TV-Serie *Tatort).* Helmut Käutner spielt den Professor Dr. Robert Kemm. R: Peter Schulze-Rohr. Erstsendung: 10. 10. 1971, ARD. Wiederholung: 31. 7. 1977, ARD.

**Van der Valk und die Reichen.** Helmut Käutner spielt den Canisius. R: Wolfgang Petersen. Erstsendung: 1. 7. 1973, ARD.

**Nur Aufregungen für Rohn** (TV-Serie *Derrick).* Helmut Käutner spielt den Geldboten Seibach. R: Wolfgang Becker. Erstsendung: 9. 3. 1975, ZDF.

**Feinde.** Helmut Käutner spielt den General a. D. R: Frank Guthke. Erstsendung: 17. 2. 1976, ZDF. Wiederholung: 24. 1. 1979, ZDF.

**Hundert Mark** (Sieben Episoden). Helmut Käutner spielt in der Folge »Die Gage« den Dr. Renner. R: Ludwig Cremer. Erstsendung: 1. 1. 1976, ZDF.

**Auf eigene Faust** (TV-Serie *Derrick).* Helmut Käutner spielt den Duktus. R: Zbynek Brynych. Erstsendung: 11. 7. 1976, ZDF. Wiederholung: 27. 9. 1976, Vormittagsprogramm ARD/ZDF.

**Eichholz & Söhne** (13teilige TV-Serie). Helmut Käutner spielt den Franz Schadow. R: Michael Braun. Sendetermine: Die Serie lief zwischen März und November 1977 in den verschiedenen Regionalprogrammen der ARD.

**Hauser's Memory (Ständig in Angst).** Amerikanischer Fernsehfilm. R: Boris Segal. U: 1970.

**Karl May** (Den 187-Minuten-Kinofilm brachte das Fernsehen gekürzt in zwei Teilen). Helmut Käutner spielt den Karl May. R: Hans-Jürgen Syberberg. Erstsendung: 1. Teil: 10. 1. 1977, ZDF. 2. Teil: 12. 1. 1977, ZDF.


# Drehbücher, die Helmut Käutner für andere Regisseure schrieb

*R = Regisseur, b/a = basiert auf*

**Juchten und Lavendel.** R: John Olden. Erstsendung: 22. 3. 1958, ARD.

**Das Glas Wasser.** R: Hans Lietzau. Erstsendung: 26. 7. 1958, ARD.

**Wir machen Musik.** Drehbuch b/a dem Lustspiel *Karl III. und Anna von Österreich* von Manfred Rössner. R: Karl Vibach. Erstsendung: 10. 9. 1966, ARD. 1. Wiederholung: 5. 5. 1967, Vormittagsprogramm ARD/ZDF. 2. Wiederholung: 12. 1. 1969, Nachmittagsprogramm ARD (SDR I).

# Die Entwicklung des deutschen Tonfilms im Dritten Reich; Käutner und andere

*Der Schweizer Roman Brodmann untersuchte in der siebenteiligen ARD-Serie* Laterna Teutonica *die Entwicklungsgeschichte des deutschen Tonfilms.*

1. 4. 11. 1979: **Als die Sprache sprachlos machte.** Der Übergang vom Stummfilm zum Tonfilm.
2. 18. 11. 1979: **Abschiedsvorstellungen.** Die wichtigsten Filme vor Hitlers Machtergreifung.
3. 2. 12. 1979: **Der Schirmherr.** Wie Josef Goebbels den deutschen Film im Geist des Dritten Reichs für die Propaganda organisierte.
4. 16. 12. 1979: **Schildkröte.** Viele Künstler und Regisseure mit antifaschistischer Grundhaltung (unter ihnen Helmut Käutner) suchten beim unpolitischen Film Deckung.
5. 30. 12. 1979: **Des Teufels Regisseure.** Der eigentliche NS-Film und seine prominenten Macher.
6. 13. 1. 1980: **Käutner und dann Staudte.** Axel Eggebrecht, Hannelore Schroth, Rudolf Jugert, Jochen Huth, Arthur Maria Rabenalt u. a. über ihre Zusammenarbeit mit Helmut Käutner, der als bekannter Anti-Nazi im Dritten Reich ein vielbeschäftigter Regisseur wurde. Dazu Filmausschnitte aus diversen Käutner-Filmen. Als zweiter Regisseur wurde Wolfgang Staudte vorgestellt.
7. 27. 1. 1980: **Als der Krieg zu Ende war.** Der deutsche Tonfilm am Scheideweg nach einer kurzen Trümmerfilm-Epoche mit Filmausschnitten aus *In jenen Tagen* (Regie Helmut Käutner) und *Film ohne Titel* (Drehbuch Helmut Käutner und Rudolf Jugert) und vor dem Einstieg in die totale Rekommerzialisierung der Heimatfilmwelle.

## Sendungen mit und über Helmut Käutner

31. 12. 1972, ZDF: In dem Peter-von-Zahn-Film *Ein Oldtimer erzählt* (die Erlebnisse eines Autos im Straßenverkehr) übernimmt Helmut Käutner die Stimme eines Autos (wie schon in seinem Spielfilm *In jenen Tagen).*

3. 6. 1975, ZDF: **Erlebte Filmgeschichte Helmut Käutner.** Henning Harmssen beschränkt sich in diesem Porträt auf Käutners Arbeit zwischen 1939 und 1945 und seine Erlebnisse im Dritten Reich. Die Aufnahmen für die Sendung wurden in Käutners Wohnung gemacht.

6. 7. 1976, ARD: **Der Künstlerstammtisch.** Ruth-Maria Kubitschek, Maria Schell, Carl Raddatz und Helmut Käutner erzählen mit Gastgeber Gustav Knuth Anekdoten aus ihrem Leben. Käutner ist allerdings ziemlich wortkarg.

8. 4. 1978, Hörfunk NDR/WDR I: **Im Gespräch porträtiert: Helmut Käutner.** Harald von Troschke unterhält sich anläßlich des 70. Geburtstags Helmut Käutners mit dem Regisseur.

22. 4. 1980, ZDF: **Filmforum: Erlebte Filmgeschichte – Helmut Käutner.** Bericht von Henning Harmssen. Wiederholung vom 3. 6. 1975.

# Bibliographie

Bandmann, Christa: *Es leuchten die Sterne,* Heyne-Verlag, München

Bauer, Dr. Alfred: *Deutscher Spielfilm-Almanach 1929–1950,* Filmladen Christoph Winterberg, München

Bawden, Liz-Anne: *rororo-Film-Lexikon* Band 1–6, Rowohlt Taschenbuch Verlag GmbH, Hamburg

Fernau, Rudolf: *Als Lied begann's – Lebenstagebuch eines Schauspielers,* Deutscher Taschenbuch Verlag, München

Gregor, Ulrich/Patalas, Enno: *Geschichte des Films,* Band 1 und 2, Rowohlt Taschenbuch Verlag GmbH, Hamburg

Greul, Heinz: *Bretter, die die Zeit bedeuten,* Deutscher Taschenbuch Verlag, München

Johann, Ernst: *Kleine Geschichte des Films,* Ullstein Taschenbuch-Verlag, Frankfurt

Jürgens, Curd: *. . . und kein bißchen weise,* Droemersche Verlagsanstalt Th. Knaur Nachf., München/Zürich

Knuth, Gustav: *Mit einem Lächeln im Knopfloch,* Fischer Taschenbuch Verlag, Frankfurt

Koschnitzki, Rüdiger: *Filmographie Helmut Käutner,* Deutsches Institut für Filmkunde, Wiesbaden

Oertel, Rudolf: *Filmspiegel,* Wilhelm Frick Verlag, Wien

Riess, Curt: *Das gab's nur einmal,* Molden Taschenbuch-Verlag, Wien–München

Söhnker, Hans: *. . . und kein Tag zuviel,* Verlag Ullstein GmbH, Frankfurt–Berlin–Wien

Waldekranz, Rune/Arpe, Verner: *Das Buch vom Film,* Deutsche Buchgemeinschaft, Berlin und Darmstadt

Außerdem:

*Deutscher Fernsehdienst* Peter W. Engelmeier, München

*Deutsches Institut für Filmkunde,* Wiesbaden

*Verlag für Filmschriften* Christian Unucka, Dachau

# Register